Meer Freiheit Wagen

Anekdoten vom Camping

Axel Emde

AF194075

Meer Freiheit Wagen

Anekdoten vom Camping

Axel Emde

Bibliografische Information der Deutschen Nationalbibliothek:
Die Deutsche Nationalbibliothek verzeichnet diese Publikation in der Deutschen Nationalbibliografie; detaillierte bibliografische Daten sind im Internet über http://dnb.dnb.de abrufbar.

Herstellung und Verlag: BoD – Books on Demand, Norderstedt

ISBN: 978-3-7534-2303-6

Für Ina

Inhalt

Danke für nichts

„Reisen bildet", so heißt es. Ich glaube das stimmt auch. Zumindest wird man in aller Regel nicht dümmer. Es gibt unendlich viele Arten des Reisens. In den letzten Jahren vor Corona stellte ich in meinem Umfeld fest, dass es viele Menschen gibt, die es in ihrem Urlaub nach Fernost zieht. Vietnam, Thailand, Myanmar und China waren als Reiseziele hoch im Kurs, je exotischer desto besser. Über viele Jahre erfreuten sich auch die USA über den Status eines Traumziels für viele Deutsche. Es hängt von der individuellen Betrachtung ab, aber ich glaube, dass eine Reise in den fernen Osten verglichen mit einer Reise in die Vereinigten Staaten von Amerika in Bezug auf den Grad der Unterschiedlichkeiten zur deutschen beziehungsweise westeuropäischen Kultur ähnlich ist. Es ist auf verschiedene Arten anders als hier. Der kulturelle Unterschied zu den USA erscheint mir dabei in den letzten Jahren eher größer als kleiner geworden zu sein. Der Horrorclown im Weißen Haus hat sicher auch dazu beigetragen. Es bleibt abzuwarten, ob Joe das in seiner Amtszeit wieder in eine andere Richtung gelenkt bekommt.

Camping ist für mich die entspannteste Form des Reisens und Erholung pur und das obwohl man vieles selbst machen muss.

Anders ist es bei der Reise mit der Bahn. Ich fahre grundsätzlich gerne Bahn obwohl oder vielleicht auch gerade, weil ich selten dazu komme. Ich kann nicht verstehen, warum die Bahn es nicht schafft, eine starke Konkurrenz zum innerdeutschen Flugverkehr darzustellen. Das Transportsystem Schiene hat naturgemäß große Vorteile in Bezug auf Komfort und Umweltverträglichkeit. Selbst der von Flugreisenden häufig genannte Vorteil der Zeitersparnis dürfte nicht wirklich zum Tragen kommen, wenn man den kompletten Zeitaufwand rechnet mit Transfer zum Flughafen und Tot- bzw. Wartezeiten. Die Bahnhöfe befinden sich in den Stadtzentren und damit häufig näher an den Reisezielen. All diese Vorteile schafft die Bahn nicht wirklich auf die Schiene zu bringen. Das ist traurig und stümperhaft. Gemäß einer alten Fußballerweisheit, nachdem „entscheidend auffem Platz ist", können auch die aktuellen Uniformen von Guido Maria nicht über die massiven Defizite des Staatskonzerns hinwegtäuschen. Ich hätte wirklich große Lust, die verkrusteten MITROPA-Strukturen mal aufzubrechen, aber mich fragt ja keiner. Die 1916 gegründete Gesellschaft zum Betrieb von Schlaf- und Speisewagen existiert heute nicht mehr.

Nachdem man sich von den Schlafwagen verabschiedet hatte, steigt man nun eher halbherzig wieder in das Geschäft ein. Es ist nicht immer vorteilhaft, wenn man antizyklisch handelt und Trends verpennt. Dabei würde ein Schlafwagenzug gut zur Bahn passen. Der Begriff Schlafwagen hat bei der Bahn eine weitere Bedeutung. Er steht zusätzlich als Synonym für die Firmenphilosophie, mangelnde Agilität und unzureichende Kundenorientierung.

Während ich diese Zeilen schreibe, sitze ich gerade in einem Zug der Deutschen Bahn, der noch fährt und hoffentlich auch auf dem weiteren Weg von Hamburg nach Duisburg nicht ausfällt. Auf meinem Hinweg gestern hatte ich um kurz nach sieben Uhr morgens am Bahnhof Duisburg auf der Anzeigetafel den kurzen Hinweis gelesen, dass der von mir gebuchte Zug ausfällt. Ich fahre selten Bahn, höre zwar viele Geschichten, aber warum sollte das nicht passieren? Vielleicht hatte sich der Lokführer krankgemeldet oder spontan einen Tag Homeoffice genommen, da ein Handwerker nur vormittags einen Termin frei hatte. Eventuell hatte er auch spontan einen Tag Resturlaub eingereicht, um Weihnachtsgeschenke für die lieben Kleinen zu besorgen. Wer weiß das schon. Lokführer sind schließlich auch nur Menschen mit ganz normalen Bedürfnissen.

„Sehr geehrte Fahrgäste, ich begrüße Sie in unserem Intercity „Alpenveilchen" heute mal aus dem Homeoffice."

Der Hauptbahnhof von Duisburg wirkte wie aus einer anderen Welt. Der besondere Charme von Lost Places liegt darin, dass ehemals stolze Bauten in Würde und Einsamkeit verfallen. Hier war es anders. Der Bahnhof mit seinen Tausenden Pendlern auf ihrem täglichen Weg zur Arbeit glich einem Ameisenhaufen. Hektisch und gedankenversunken, teils mit einem Kaffeebecher in der Hand und Stöpseln im Ohr waren Ströme

12

von Menschen unterwegs. Sie schienen die Tristesse des Bahnhofs nicht zu bemerken. Das Gebäude ist total heruntergekommen und verbreitet eine Endzeitstimmung wie in einem Mad-Max-Film. Dreck, undichte Dächer und eingeworfene Scheiben formen ein in sich stimmiges Gesamtbild. Hier werden die wartenden Fahrgäste auf den Bahnsteigen selbst unter den Dächern bei Regen nass.

Man fragt sich, ob in den letzten Jahrzehnten überhaupt lebenserhaltende Maßnahmen am Bahnhof geleistet worden waren. Der Gebäudepatient ist klinisch tot. Ein Plakat im Bahnhof kündigt den zeitnahen Beginn von umfangreichen Renovierungsarbeiten an. Bedenkt man den Zustand des Gemäuers und die erforderlichen Provisorien eines Umbaus bei laufendem Betrieb stellt sich eher die Frage, ob ein Abriss und Neubau an anderer Stelle eine Option darstellen. Ein Bahnhof ist so etwas wie die Visitenkarte einer Stadt. Gute Nacht Duisburg!

Ich sah mich in der Empfangshalle um und mein Blick fiel auf einen kleinen Infoschalter der Deutschen Bahn. Der für Fälle dieser Art offenbar charakterlich unverwundbare und in mehrmonatigen Kursen im Umgang mit verärgerten Kunden geschulte Mitarbeiter trug eine unsichtbare schusssichere Weste. Er antwortete auf meine Frage nach dem Zugausfall in einer bemerkenswert monotonen, fast lethargischen Art, dass ich Pech hätte, denn der von mir gebuchte Zug sei mit einem technischen Defekt irgendwo auf offener Strecke liegengeblieben. Flugs hatte er für mich eine Alternativverbindung auf Müslipapier (sie kennen bestimmt dieses offenporige braun-beige Recyclingpapier) ausgedruckt. Ich solle jetzt in Hannover umsteigen und wäre dank ICE anstatt IC fast zur gleichen Zeit in Hamburg. Das hörte sich erst mal nicht schlecht an, obwohl ich bewusst die etwas langsamere, direkte Verbindung gewählt hatte, sowohl aus Bequemlichkeit als auch zur Risikovermeidung eines Zugverpassens beim Umstieg. Auf meine Frage nach einer Sitzplatzreservierung antwortete der Bahnlurch hinter dem Tresen, fast schon belustigt von meiner Frage, dass dies selbstverständlich bei einem fahrenden Zug nicht mehr möglich sei. Ich Depp, da hätte ich auch selbst draufkommen können. Wer hatte noch nie Erfahrungen mit dem WLAN der Bahn gemacht. Ich denke, dass die NASA bereits 1969 eine bessere Verbindung zur Mondlandefähre aufgebaut hatte als es die Deutsche Bahn fünfzig Jahre später zu ihren Zügen kann. „Na ja, wird schon nicht so dramatisch werden", dachte ich und vergaß in diesem Moment, dass der Zugausfall neben mir noch mehr als hundert weitere Fahrgäste betraf. So hatte ich zumindest für die erste halbe Stunde einen Sitzplatz bis dieser beim nächsten Halt von einem glücklichen Passagier mit Reservierung eingenommen wurde.

Die Bahn. Eigentlich fand ich die Geschichten der ewig nörgelnden Bahnfahrer immer sehr nervig deutsch. Aber was soll ich sagen? Sie hatten recht. Alles ist doppelt so schlimm wie es aussieht. Als ich dann endlich im Zug saß, zuckelte der ICE, Prunkstück der Deutschen Bahn, über die ausgeleierten Gleise Richtung Nordwesten. Wer schon mal in einem Train à Grande Vitesse (TGV) in Frankreich gesessen hat, weiß wie sich neuzeitliches Zugfahren anfühlt. Wobei das moderne Bahnzeitalter hier bereits 1981 begann und bis zum heutigen Tage anhält. Die TGV-Hochgeschwindigkeitszüge rasen mit bis zu 320 Kilometern pro Stunde über exklusive Hochgeschwindigkeitstrassen vom Zentrum der französischen Welt in Paris in alle Richtungen. In Deutschland dagegen fahren die Intercity Express der Bahn nur zum Teil über eigene Strecken und teilen sich in weiten Abschnitten des Netzes die Gleise mit Regional- und Fernverkehr für Personen und Güter. Auf dem Weg nach Frankfurt halten die ICE sogar im 14.000-Seelen-Nest Montabaur. Man muss sich das mal vorstellen. Es gibt bei uns sogar Strecken durch dichtest besiedelte Ballungsräume und vorbei an Laubenpiepervereinen bei denen die

Geschwindigkeiten so atemberaubend hoch sind, dass es mich nicht wundern würde, wenn man auf dem Parallelgleis von einer mit rüstigen Vorruheständlern des Bergbaus besetzten Draisine überholt würde. Die ehemaligen Kumpel haben in meiner Vorstellung dabei jeder noch eine Flasche Exportbier in der Hand und prosten den Fahrgästen des ICE beim Überholvorgang noch fröhlich zu. Aus dem Ruhrgebiet gibt es offenbar keine direkte ICE-Verbindung in die Hansestadt Hamburg und so ist man gezwungen, in Hannover umzusteigen. Wozu auch eine Direktverbindung zweier Ballungsräume, die wirtschaftlich starke Verknüpfungen haben? Ist ja Quatsch! Hannover ist eine der Drehscheiben des deutschen Bahnverkehrs. Na klar, wo sollte sie auch sonst sein? Eine Stadt, die zwar wichtige Messen ausrichtet, für Pferdezucht bekannt ist und mal eine gute Rockband namens Skorpions hatte, die allerdings irgendwann in der Volkstümlichen Hitparade oder im ZDF-Fernsehgarten auftraten. Hannover ist die Welthauptstadt der Provinz und beheimatet ansonsten nur sozialdemokratische Politnieten und den ehemaligen Bundes-Kermit mit Ehrensold auch bekannt als Klinker-Kennedy.

Ich weiß nicht warum, aber mir fiel plötzlich die legendäre Rede von Edmund Stoiber ein, in der er versuchte die Vorzüge einer Transrapidstrecke, die den Hauptbahnhof und den Flughafen in München verbinden sollte, ein. „Sie steigen in

München in den Hauptbahnhof ein..." Hören Sie sich das doch mal auf YouTube an. Beste Realsatire! I call it the Klassiker.

Endlich angekommen in meiner Lieblingsstadt Hamburg setzte ich meine Reise mit dem Hamburger Verkehrsverbund fort. Es war eine Wohltat zu erfahren wie sauber die Züge waren und wie gut das System funktionierte und mich pünktlich ans Ziel brachte. Geht doch!

Am nächsten Tag ging's zurück nach Dinslaken. Da ich grundsätzlich ein Anhänger von Wahrscheinlichkeits- und weniger von Verschwörungstheorien bin, war ich guter Hoffnung, dass die Erlebnisse der Hinreise sich sicher nicht wiederholen würden. Ich freute mich auf die anstehende Rückreise, lächelte und war froh. Alles sollte noch schlimmer kommen. Da ich am Hauptbahnhof noch etwas Zeit hatte und das regnerische Hamburger Schmuddelwetter nicht zu einer vorweihnachtlichen Shoppingtour auf der Mönckebergstraße einlud, folgte ich den Schildern zur DB-Lounge. Ich war recht zuversichtlich mit meinem Erste-Klasse-Ticket, Zutritt gewährt zu bekommen. Der Cyborg am Eingang, hier ist die Bahn technologisch weit vorne, da kann man sagen was man will, wies mich mit einem kurzen Hinweis auf mein Supersparticket vollkommen emotionslos ab.

Die Spartickets und Rabattaktionen des Staatskonzerns sind übrigens auch eine lustige Sache. Man sollte sich intensiv mit dem Kleingedruckten beschäftigen und darauf achten, dass der Geltungsbereich sich nicht auf ungerade Tage in Schaltjahren bei gleichzeitiger Großer Konjunktion von Jupiter und Saturn bei maximal fünf Mitreisenden, von denen höchstens zwei Hunde alternativ ein Alpaka sein dürfen von denen keiner in die DB-Lounge darf.

„Was soll's", dachte ich. „Dann trinke ich einen Kaffee an einer der siebzehn Buden in den Hallen des altehrwürdigen Bahnhofsgebäudes." Vermutlich hätte ich nach dem Genuss des Bahnkaffees in der DB Lounge ohnehin erstmal eine Packung Magensäureblocker in einer Apotheke kaufen müssen, um das Sodbrennen zu bekämpfen. Das hatte ich mir auf diese Weise gespart und trank stattdessen einen leckeren Latte Macchiato.

Ich hatte wie auf der Hinreise einen Sitzplatz in einem durchgehenden Intercity gebucht. Der IC gehört zur Gattung der Fernschnellzüge, was im Vergleich zum ICE etwas irreführend ist. Er fährt auf der Strecke von Hamburg ins Ruhrgebiet nur unwesentlich langsamer, hat aber den Vorteil, dass man nicht umsteigen muss. Ich freute mich auf ein ruhiges und entspanntes Reisen mit Lesen oder vielleicht ein wenig Dösen. Manchmal bin ich einfach zu naiv. Als ich den Wagon betrat und meinen reservierten Sitzplatz fand, war dieser besetzt. Meinen freundlichen Hinweis auf meine Platzreservierung beantwortete sichtlich genervt der dort sitzende Mitvierziger mit der Gegenfrage, ob mir noch nicht aufgefallen sei, dass die Bahn den hier vorgesehenen Wagen mit Großraumabteil gegen einen anderen mit Abteilen ausgetauscht habe und dass daher alle Reservierungen hinfällig wären. Er hatte Recht und ich nahm einen freien Platz an der Abteiltür ein ohne den Hinweis zu ersparen, dass ich hier ohnehin lieber sitze als am Fenster. Kurz nachdem der Zug losruckelte, knackte es im vergilbten Deckenlautsprecher. Kennen Sie das? Sie merken schon am tiefen Luftholen bevor der Sprecher etwas sagt, dass etwas nicht stimmt. Und so war's auch. Die empathische Stimme berichtete mit einem entschuldigenden Timbre von einem technischen Problem an einem der Wagen. Man wisse noch nicht genau wie gravierend das Problem sei, aber man werde hinter dem Harburger Bahnhof auf freier Strecke halten und das Problem begutachten. Was auch immer sie vorhatten in der Dunkelheit aber niemand im Zug verspürte einen Funken Hoffnung, dass das einen guten Ausgang haben würde. Man sagt, dass Enttäuschungen von Erwartungen kommen. Hier hatte die Bahn einen ganz klaren Vorteil, der ihr in die Karten spielte. Die Erwartungen regelmäßiger Bahnkunden an die Zuverlässigkeit des Transportmittels sind unterhalb der Nachweisgrenze. So nahmen die Lemminge ihr Schicksal sehr gefasst hin. Die maximal von mir beobachtete Reaktion der Mitreisenden war ein Kopfschütteln. So weit war ich als Gelegenheitsbahnfahrer noch nicht und daher den Profis deutlich unterlegen.

In Stuttgart verbuddeln sie seit ungefähr zehn Jahren Milliarden, während Strecken und Fahrzeuge teilweise hoffnungslos veraltet sind und kleinere Bahnhöfe verkommen oder wie in Dinslaken erst vor einigen Jahren einen Aufzug zum Bahnsteig bekommen hatten. Ein wenig mehr Enthusiasmus, Entschlossenheit und gewaltloser Protest würden uns in Deutschland sicher guttun, um notwendige Veränderungen dort einzuleiten, wo es nötig und sinnvoll ist. Gegen Corona-Regeln gehen die Aluhüte und Verschwörungsanhänger auf die Straße. Bei der Bahn protestiert niemand. Versteh einer die Leute.

Alleiniger Eigentümer der Aktiengesellschaft Bahn ist die Bundesrepublik Deutschland. Herzlichen Glückwunsch, wir sind damit alle Eigentümer dieses Vereins!

Mit „Bahnchef" Mehdorn und seinem Kürzungsprogramm hatte das Elend erst so richtig begonnen. Nach seiner Zeit bei der Bahn war er noch bei Air Berlin (Flugbetrieb eingestellt in 2017) und – da kann man sagen was man will, konsequent ist er – bis 2015 verantwortlich für den Berliner Flughafen. Wie allgemein bekannt sind die Kosten des BER bisher verdreifacht und der aktuelle Terminverzug beträgt ungefähr 9 Jahre. Schade nur, dass ihn – gemeint ist der Flughafen – derzeit keiner mehr braucht.

Übrigens zieht Herr Musk gerade im nur dreißig Kilometer entfernten Grünheide eine Gigafabrik in ca. achtzehn Monaten hoch. Geht doch!

Mehdorns Nachfolger machten es nicht wirklich besser. Ronald Pofalla, Muttis näselnder Ex-Kanzleramtsminister, ist im Bahnvorstand für die Infrastruktur zuständig. Andi Scheuer – der aktuelle aus einer glorreichen Reihe bayrischer Verkehrsminister - ist als Bundesminister praktisch der Oberaufseher des ganzen Gebildes. Noch Fragen? Nein? Dann habe ich eine: Wie soll man einem derart schlechten Management begegnen? Ich hätte wirklich Lust dazu, den Laden zu entkrusten, einmal durchzuschütteln und neu aufzustellen. Da muss doch einfach mehr gehen. Einen Versuch wäre es beim riesigen Potenzial der Bahn allemal wert.

Als Adhoc-Maßnahme und Möglichkeit der Reflexion und inneren Einkehr schlage ich vor, dass Scheuer & Co. mal einen Tag lang Rollstuhlfahrer und Koffer von älteren Menschen zu den Bahnsteigen tragen in Bahnhöfen, die bis heute keinen barrierefreien Zugang haben. Danach würden sie vielleicht das ein oder andere sinnlos teure Prestigeprojekt zugunsten bürgernaher und bedarfsorientierter Maßnahmen streichen. So!

Ich erspare Ihnen die weiteren Details der Rückreise-Odyssee mit stundenlangem Warten auf zugigen Bahnsteigen, Stehen im Zug, Ergattern eines letzten Platzes am Katzentisch im Speisewagen, ein schales kleines Bier für 3,20 Euro, mehrfachen spontanen Gleiswechseln und Treppenjoggen und verzweifelten Rentnern, denen beim Umsteigen die Puste ausging und zurückbleiben mussten.

Am Bahnhof in Dinslaken angekommen, belief sich die Verspätung auf gut drei Stunden. Wie gesagt, ich bin als eher seltener Fahrgast noch nicht soweit, aber für Bahnkundenprofis war das vermutlich ein akzeptabler Wert. Ich brachte mich Zuhause auf andere Gedanken, wie den nächsten Urlaub mit entspanntem Camping.

Im WDR gab's vor einiger Zeit regelmäßig Radiopodcasts mit Lurch-Peter Hansen „In Kürze verstehen Sie Hauptbahnhof", die immer endeten mit seiner denglischen Durchsage „Thank you for Deutsche Bahn".

Danke für nichts!

Gardinen-Hippies

Nachdem wir bereits gute Erfahrungen mit einem gemieteten Wohnwagen gemacht hatten, kam der Gedanke auf, sich für die Leihgebühren für die Dauer eines Sommerurlaubs inkl. Gebühr für Gestühl und Nebenkosten ein gebrauchtes Häuschen auf Rädern zu kaufen.

Wir zogen also los und durchstreiften die Weiten des Internets und das unendlich große Angebot von Händlern auf der B8 in Mülheim, auch Caravan-Meile genannt. Camping boomt seit einigen Jahren und es schien so, dass ganz besonders die kleinen aus der Gattung der Häuser am Haken gefragt sind. Denn aus welchem vernünftigen Grund sollte ein kleiner Wohnwagen mit vier Metern Länge ungefähr das gleiche kosten wie ein Modell mit stolzen acht Metern, welches man häufig hinter Kirmesfahrgeschäften sieht. Menschen, die dem Schild „Junger Mann zum Mitreisen gesucht" gefolgt waren und fortan ihr Leben mit eingeschränkten Hygienemöglichkeiten als Losverkäufer auf den Rummelplätzen des Landes verbrachten, mussten doch eigentlich wissen, was gut ist. Wir schienen mit unserem Wunsch nach einem kleinen Wohnwagen für zwei Personen mitten im Mainstream zu schwimmen. Der Markt, dieser Schweinehund, hatte die besondere Nachfrage erkannt. Das verfügbare Angebot war knapp und die Preise daher im Vergleich hoch. „Sei's drum." dachten wir. Trotzdem besser als damals im real existierenden Sozialismus, in dem man, wenn man den Erzählungen Glauben schenkte, mit ein wenig Glück und guter Führung zwanzig Jahre auf eine Leukoplast-Rennpappe warten musste. Da ist mir der Schweinehund doch lieber.

An einem trüben Wochenende im März, wir hatten es uns gerade auf unserer Couch gemütlich gemacht, sagte meine Schatz plötzlich: „Jetzt hab' ich unseren Wagen gefunden!" Sie kennen das vermutlich. Frau sagt etwas und Mann ist gut beraten, in jedem Fall spontanes Interesse zu zeigen. In unserem Fall ist es so, dass mein Schatz schon sehr treffsicher ist bei diesen Vorschlägen. Auf jeden Fall erkennt sie häufig ein Potential, welches sich mir erst auf den zweiten oder dritten Blick oder gar nicht erschließt. In diesem Fall handelte es sich um eine eBay-Kleinanzeige, in der ein Wagen vom Typ Constructam zum Kauf angeboten wurde. Ich behaupte, dass ich mich einigermaßen in der Welt der Automobile auskenne, doch bei Wohnwagen, insbesondere älteren Semestern, hatte ich noch Nachholbedarf. Der Wagen war in Belgien gebaut worden, einem Land bekannt für Atomium, Europaparlament und Pralinen und irgendwie

24

immer im Weg, wenn man nach Frankreich fuhr. Meine spontanen Ideen und Vorurteile zu Fahrzeugen aus diesem Land wurden jäh unterbrochen vom Satz meiner Geliebten: „Schau doch mal wie süß der ist." Hierbei wurde das Wort *süß* besonders und für mich vollkommen unnachahmlich betont. Ja, was sollte ich sagen. Er sah schon irgendwie besonders aus, klein, rund und niedlich. Er erinnerte von vorne etwas an einen alten Schienenbus, da die Fenster der abgerundeten Front um die Seiten herumgezogen waren. Irgendwie war er knuffig. Der Wohnwagen aus den 1980er-Jahren war von der Verkäuferin - so was bringen häufig Frauen zustande - liebevoll restauriert worden. Er hatte offensichtlich einen neuen Boden und eine in sich vollkommen stimmige Innenausstattung erhalten. Ich sah uns schon mit einem Gläschen Rotwein am kleinen Holztischchen sitzen und draußen prasselte der Regen auf das Dach. Romantisch. Ich wäre nicht Ingenieur, wenn nicht rationale Gedanken ob des technischen Zustands der bereiften Hütte und ob der Risiken, die mit einem Kauf dieser belgischen Praline verbunden wären, zumindest zwischenzeitlich die Oberhand gewannen. Die Mama von Forrest Gump hatte gesagt, dass das Leben wie eine Schachtel Pralinen ist und man nie wisse, was man bekommt. Während ich noch mit den beiden Herzen in meiner Brust kämpfte, war meine bessere Hälfte schon einen Schritt weiter. Nachdem wir uns mit Qualität und Termin beschäftigt hatten, kam die dritte Dimension des Projektmanagements, der Preis, langsam in den Fokus. Bei Frauen gibt es übrigens wesentlich mehr Projektziele, die in den Standardwerken für Projektmanagement meist unerwähnt bleiben. Sie lauten Design und Optik, Niedlichkeitsfaktor, waren die Vorbesitzer nette Leute? und vieles mehr. Eine schnelle Recherche im Internet brachte zutage, dass der Verkaufspreis von 3.400 Euro, der vermutlich den Neupreis aus dem Baujahr 1982 überstieg, durchaus angemessen für dieses Sammlerstück war. Ein spontaner Telefonanruf brachte weitere Erkenntnisse. Es zeigte sich einmal mehr, dass sprechen häufig hilft. Die Verkäuferin war tatsächlich sehr nett und erzählte uns absolut glaubhaft, wie viel eigenhändige Arbeit sie in die Restauration dieses Oldtimers gesteckt hatte. Dennoch musste sie gewaltig einen am Helm haben, denn als Grund für den Verkauf gab sie den Erwerb eines neuen Wohnmobils an, welches bereits in der folgenden Woche geliefert würde und den alten Constructam von seinem Stellplatz und aus ihrem Herzen verdrängen sollte. Die Verkäuferin stammte aus dem eine Autostunde entfernten Ahaus und hatte eine Sonntagsfahrradtor geplant, so dass wir einen Besichtigungstermin am Abend vereinbarten.

Wir suchten weiter das Internet ab und stießen auf einen Tabbert aus den 1970er-Jahren. Alfred Tabbert hatte seinen ersten Wohnwagen in den Wirtschaftswunderjahren der jungen Bundesrepublik vorgestellt und den richtigen Riecher für die Bedürfnisse einer hart arbeitenden Nachkriegsgeneration gehabt. Tabbert war und ist vermutlich noch heute der Mercedes unter den Wohnwagen und besonders auch geschätzt von Menschen, die man früher Zigeuner nennen durfte. Dieses fahrende Volk wusste von Berufs wegen, was gut war. Ina hatte die Sommer ihrer Kindheit in einem Tabbert in Dänemark verbracht und gute Erinnerungen daran. Die Tabbert-Wohnwagen waren praktisch für die Ewigkeit gebaut und zeichneten sich durch eine zeitlose und niemals moderne Innenausstattung aus Vollholz aus. Sie waren schwer wie eine deutsche Eiche und versprühten den Charme des frühen Gelsenkirchener Barocks. Sie sind dank der sehr ausladenden Breite äußerst geräumig und verfügen häufig über ein französisches Bett, welches von beiden Seiten zugänglich ist. Hierdurch werden Konflikte von Paaren vermieden, die ihre tiefgründigen Ursachen zwar oft ganz woanders haben, sich aber an Fragen wie „Wer schläft vorne?" oder auch gerne mal um drei Uhr nachts: „Kannst du mich mal eben rauslassen, ich muss mal pinkeln." entzünden. Bei Tabbert alles kein Problem, wobei es dann sicher andere Anlässe gibt, die Paare finden, um sich zu streiten.

In diesem Fall handelte es sich um einen kleinen Tabbert. Die kurze Annonce bei Ebay-Kleinanzeigen bot nur wenig Beschreibung und zwei Fotos. Wie immer in diesen Momenten, wenn ich umständlich anfange eine Nachricht zu schreiben, sagte mein Schatz: „Ruf doch einfach an. Nur sprechenden Menschen kann geholfen werden." Sie hatte natürlich Recht. Sie wusste es auch. Ich gab ihr Recht. Happy Wife, happy Life! Am Telefon meldete sich eine ältere Männerstimme, die den Wohnwagen als Blaue Mauritius mit ein wenig Renovierungsbedarf beschrieb. Der heilige Gral des Wohnwagenbaus wartete irgendwo in der Nähe des niederrheinischen Rees auf seine Entdeckung. Wir verabredeten uns mit dem Verkäufer am Bahnhof in der Einöde (mich hätte es nicht gewundert, wenn hier ein ICE gehalten hätte ...) und nach einer kurzen Begrüßung folgten wir dem Renault Clio älteren Baujahrs des Verkäuferpaares (ebenfalls älteres Baujahr). Der Clio hatte mit seiner französischen Leichtigkeit sicher niemals einen aus dem Vollen gearbeiteten deutschen Tabbert gezogen. Der Wohnwagen stand auf einer eingezäunten Wiese. Nachdem der Besitzer das Tor aufgeschlossen hatte und wir an den ersten fünf Wohnwagen auf dem Acker vorbeigefahren waren, kam schließlich das

Verkaufsobjekt ins Blickfeld. Ich kann die Faszination, die Lost Places auf viele Menschen haben, sehr gut nachvollziehen. Hier handelte es sich aber um einen „Verlorenen Platz auf Rädern", der auf mich eher abstoßend als Neugierde weckend war. Der einst stolze Tabbert hatte die Farbe seines Gewandes von weiß auf grün verändert und sich seiner Umgebung angepasst. Es schien so, als wäre er Jahrzehnte nicht bewegt worden. Auf die Deichsel hatte der handwerklich offenbar vollkommen untalentierte Besitzer eine Sat-Schüssel genagelt. Halterung und Schüssel waren total verrostet und fügten sich zumindest insofern in das Gesamtbild ein. Dass die Reifen des Wohnwagens platt waren, bedarf eigentlich keiner Erwähnung. Mein Vater hätte an dieser Stelle immer gesagt: „Sohn, wenn du bisher keine Probleme hattest, dann wirst du mit diesem Kauf auf jeden Fall welche bekommen." Meine Entscheidung stand schon fest, doch ich glaubte aus reiner Höflichkeit und weil man es so macht und weil mein Schatz auch gucken wollte, fragte ich den niederrheinischen Bauern, ob wir mal einen Blick ins Innere werfen könnten. Der Verkäufer schloss mit einer Mimik und Gestik die Wohnwagentür auf, als wenn er uns nun nach ausgiebiger Betrachtung der Parkanlagen und des altehrwürdigen Gemäuers das Innere des Palasts präsentieren wollte. Nachdem die Tür mit einem lauten Quietschen aufklappte, entwich als erstes ein großer Schwarm Mücken aus dem Inneren. Wir betraten vorsichtig den Ort des Grauens. Die Besitzer mussten den Wagen offenbar nach ihrer letzten Fahrt Ende der 1980er-Jahre in großer Hektik verlassen haben. Vom modrigen Geruch und durch den Anblick des ganzen Unrats hätte ich mich fast spontan übergeben müssen. Die Gardinen waren seit der Erstzulassung im Jahr 1971 offenbar kein einziges Mal gewaschen worden. Sie waren dunkelgelb bis braun und von kristalliner Struktur. Man hatte das Gefühl, dass sie bei einer winzigen Berührung zu Staub zerfallen würden. Für mich war die Sache schon von außen klar gewesen. Zu meinem Erstaunen hörte ich meine Liebste sagen: „Die Vorhänge müssten wir wohl doch erneuern." Die Reaktion, die nun folgte, war für mich sehr überraschend. Ich weiß bis heute nicht, ob der Bauer tatsächlich überzeugt war, einen seltenen und wertvollen Oldtimer zu verkaufen oder ob seine Schläue ihm bereits gesagt hatte, dass hier kein Deal zustande kam. Mit schauspielerisch durchaus bemerkenswert echt dargestellter Empörung sagte er: „Das fehlt mir noch. Ich werde den Wagen nicht an Hippies verkaufen, die neue Gardinen aufhängen. Das sind die Schlimmsten, die so alte Schätze verbasteln wollen." Es kommt nicht so oft vor, dass ich sprachlos bin. In diesem Moment war ich es. Der Besichtigungstermin nahm danach ein schnelles Ende und ich war froh, als wir zurück in unserem Hippie-Haus waren. Gardinen haben wir übrigens an keinem einzigen Fenster in unserem Haus. Wir waren vom Ausflug in die niederrheinische Provinz und der Begegnung mit ihren Ureinwohnern so erschlagen, dass wir keine Lust mehr verspürten, den Besichtigungstermin für den alten Constructam noch wahrzunehmen. Eine Entscheidung, die uns bis zum heutigen Tage noch etwas weh tut. Aber was soll's. Loddar hätte gesagt: „Wäre, wäre Fahrradkette."

Eine Woche später kam bereits die nächste Chance. Wir sahen uns einen dreißig Jahre alten Wohnwagen der Firma Beyerland an. Die Wohnanhänger dieser Marke werden entgegen meiner ursprünglichen Vermutung nicht im süddeutschen Freistaat gebaut, was auch erklärt, dass der Name nicht mit „a" sondern mit „e" geschrieben wird. Beyerland ist ein Markenname des britischen Herstellers ABI und wurde hauptsächlich für den niederländischen Markt gebaut. Das war aus meiner Sicht mindestens genauso gut, denn wer sollte besser die Anforderungen der Camper kennen als die Niederländer. Ich erspare mir an dieser Stelle sämtliche Witze über unsere sympathischen Nachbarn. Da sie bestimmt genauso viele Witze über uns Deutsche kennen, glaube ich, dass uns mehr als eine Hassliebe verbindet. Was sich neckt das liebt sich, hatte man früher gesagt. Ich mag

sie und auch ihr Essen, die holländischen
Köstlichkeiten mit Phosphatschlauch Spezial,
frittierte Bamischeibe, Kip Saté und runtergespült
mit einem geschmacksneutralen, eiskalten
Heineken mit allen Konservierungsstoffen. Für
mich ist das in einer Strandbude an der Nordsee
ein perfekter Urlaubstag. Aber Vorsicht, die
landestypischen Speisen schmecken nur richtig
gut, wenn man sie dort isst. Der von uns
besichtigte Wohnanhänger hatte es von seinem
ursprünglichen Einsatzgebiet in den Niederlanden
auch nur bis nach Heinsberg direkt hinter der
Grenze geschafft. Aus meiner Studienzeit in
Aachen waren mir die Vorbehalte gegenüber
Bewohnern des Kreises Heinsberg in Bezug auf
ihre Künste Auto zu fahren noch in guter
Erinnerung. Das ist natürlich alles Quatsch, aber
noch heute bin ich vorsichtig, wenn ich auf der
Autobahn ein Fahrzeug mit dem Kennzeichen HS
sehe. Ich bin mir bewusst, dass ich als gebürtiger
Sauerländer mit Steinen aus dem Glashaus werfe,
aber den Heinsbergern wird nachgesagt, bei jeder
aber wirklich jeder Gelegenheit Gummistiefel zu
tragen. Vielleicht ist die Erklärung ganz einfach:
es regnet hier viel. Schon Napoleon, und er war
schließlich viel rumgekommen, hatte das nahe
Aachen als den Pisspott Europas bezeichnet. Das
Verkaufsobjekt stand auf einem kleinen Reiterhof
und war auf Turnieren für die Übernachtung von
Jockeys benutzt worden. Nach meiner

Einschätzung hatte er mit einer Länge von nur drei Meter achtzig bestimmt acht der kleinen Reiter beherbergen können. Die Nähe der Pferde äußerte sich bei meiner Partnerin in einer spontanen Nießattacke. Die Pferdeallergie war schon vergessen gewesen und meldete sich nun heftig zurück. Na ja, ohne intensivste Reinigung des Wagens hätten wir sicher eine Großpackung Citrizin für den Sommerurlaub kaufen müssen. Wichtig war uns, dass der Niederländer technisch ok und vor allem vollkommen trocken war. Seine reifen dreißig Jahre sah man ihm nur außen ein wenig an. Das Design würde ich aufgrund der schrägen Front als post-avantgardistisch oder einfacher als „möchtegernmodern" bezeichnen. Die Möbel im Innenraum sahen aus wie bei fast allen Wagen, Buchendesignfolie auf gepressten Holzabfällen. Seine Innenaufteilung war für uns perfekt. Alles war drin: Ein Kühlschrank, der vermutlich atombetrieben war und selbst im italienischen Sommer vorzüglich funktioniert und ein Herd mit nicht einer oder zwei sondern drei Flammen. Ein wahres Raumwunder, mit genügend Platz und Stauraum und sogar einer Nasszelle. Auf meine Frage ob es noch etwas an Zubehör gebe, verwies der Verkäufer auf das im Preis inbegriffene und nicmals benutzte Vorzelt und nach kurzer Überlegung sagte er: „Ach warten Sie mal. Vielleicht hab' ich noch was." Nach ein paar Minuten kam er aus der

Pferdescheune zurück mit zwei alten Klappfahrrädern. Wir freuten uns wie zwei Kinder, die ihre ersten Fahrräder unter dem Weihnachtsbaum entdeckten, über die zwei Drahtesel. Alfred, ein ehemaliger Kollege (raten Sie mal aus welcher Abteilung), hatte immer gesagt: „Machste den Mund nicht auf, machste dein Portemonnaie auf." Wie recht er hatte. Die Klappräder sollten uns in Urlauben noch viel Freude bereiten und kamen bisher mit ihren drei Gängen nur in den Bergen Südtirols an ihre Grenzen.

Wir entschieden uns spontan zu einem Kauf und besiegelten den Deal stilecht per Handschlag. Der Verkäufer hielt Wort und eine Woche später holten wir den Wohnwagen mit frischem TÜV ab. Die Fahrt nach Hause war etwas aufregend und entschleunigend zugleich. Wir fuhren aus dem beschaulichen Dörfchen Selfkant los und ich brauchte etwas Zeit um mich an die ungewohnt niedrige Reisegeschwindigkeit von atemberaubenden 80 Stundenkilometern zu gewöhnen, denn der alte Wohnwagen hat leider keine 100-Zulassung. Normalerweise rase ich mit meinem Auto nicht, aber zügig fahre ich schon. Wenn man sich erst mal an das im Vergleich niedrige Tempo gewöhnt hat, ist es aber gar nicht so schlimm. Lässt man sich darauf ein, ist es sogar entschleunigend. Man hat mehr Zeit, die Landschaft zu beobachten und sich mit dem

Beifahrer zu unterhalten. In Dinslaken angekommen, wartete die erste echte Herausforderung. Unser Haus liegt am Ende einer kleinen Sackgasse, in die man durch eine kleine Einfahrt rückwärts hineinfahren muss. Meine beste Hälfte stieg aus und gab mir Zeichen. Vorsicht, liebe Männer, in dieser Situation lauert Konfliktpotenzial. Ich hatte mir fest vorgenommen, ganz cool zu bleiben. Dennoch hatte ich im ersten Versuch des Rückwärtseinbiegens fast den Baum der Nachbarn übersehen, der mit einigen dickeren Ästen über unseren kleinen Weg ragte. Macht ja nichts, dachte ich. Nochmal nach vorne und neu ansetzen. In diesem Moment kam der Linienbus, was in unserem Stadtteil so wahrscheinlich ist, wie Weihnachten und Ostern an einem Tag. Der Bus fährt am Wochenende nur alle zwei Stunden und dafür setzen die Verkehrsbetriebe aber die größten am Markt verfügbaren Modelle ein, damit die hier einsteigenden durchschnittlich ein bis zwei Rentner sich nicht so beengt fühlen. So, jetzt kam von der einen Seite der Bus und von der anderen Seite zwei Autos. „Mein Glückstag", dachte ich. Wichtig ist, dass man Druck in positive Energie umwandelt und in entscheidenden Momenten die Ruhe bewahrt. Ich blieb ruhig und schaffte es beim zweiten Anlauf. Danach ging es noch ca. 100 Meter rückwärts. Ich staunte, dass das Rückwärtsfahren doch mehr Übung bedurfte, als ich erwartet hatte. Zwischendurch sagte Ina mindestens dreimal, dass wir den Wohnwagen doch abkoppeln und schieben könnten. Aber wann ist der Mann ein Mann. Ich hatte auf jeden Fall den Ehrgeiz, den Wohnwagen bis in die Garageneinfahrt rückwärts zu fahren. Schließlich schafften der kleine Holländer und ich die kurze Strecke. Die ganze Aktion hatte schon einige Minuten gedauert. Wir leben in einer kleinen Straße der gefühlt Hundertjährigen und senken mit über fünfzig Jahren den Altersdurchschnitt der Nachbarschaft noch erheblich. Ein paar Wochen später sagte mir eine Nachbarin, dass sie das „Spektakel" des Wohnwagenparkens hinter dem Fenster interessiert beobachtet hatte. Spektakel hörte sich irgendwie nicht gut an.

Schöner Wohnen in alter Hütte

Nachdem wir unseren alten Camper in der Garageneinfahrt geparkt hatten, öffneten wir die Tür und traten ein in unser kleines Chalet. Es roch nach Pferd und die Inneneinrichtung verströmte einen nüchternen und trostlosen Charme wie es nur mit Buchenimitat folierte Sperrholzschränke können. Es war uns klar, hier musste etwas passieren. Sofort sprudelten unsere Ideen, wie wir die Hütte wohnlicher machen konnten.

Wozu sind eigentlich diese total beengten Sitzgruppen gut, bei denen Vatti beim Einparken auf der Sitzbank die Luft anhalten musste, um den eingebauten Airbag an der überdimensionalen Tischplatte vorbeizubekommen? Wir wollten möglichst draußen unsere Mahlzeiten einnehmen und die Sitzecke nicht aufwendig jeden Abend umbauen, um dann auf den völlig unbequemen Polstern zu nächtigen. Alle Polsterbezüge wurden gewaschen und wieder aufgezogen, die Polster für ein Jahr im Keller zwischengelagert, weil man sie ja vielleicht noch gebrauchen könnte und dann schließlich sauber und gut riechend zur Sperrmüllannahme am Wertstoffhof gefahren. Die Sitzpolster ersetzten wir durch eine komfortable Matratze, die es uns ermöglichen sollte, den Urlaub aufrechten Ganges und ohne quälende Rückenschmerzen zu verbringen. Ich weiß was sie jetzt denken, aber man wird älter und ein wenig Schlafkomfort ist uns schon wichtig.

Die Kunst ist es, aus wenig viel zu machen. Ina beherrscht diese Kunst in Perfektion. Im Baumarkt besorgten wir uns ein Stück Vinylboden. Man glaubt ja nicht, welchen Einfluss der Bodenbelag auf die Raumatmosphäre hat. Neue Polster für die Mini-Essecke im Heck fanden wir in der Resteecke eines schwedischen Einrichtungsgeschäfts. Großflächige triste Buchenholzwände wurden geschickt überklebt und die Heizungsverkleidung neu lackiert. Das Ganze nahm langsam Formen an und die Teilerfolge motivierten uns, weiter zu machen. In unsere kleine Nasszelle klebten wir die Tapetenreste von Colani, die wir noch im Keller hatten. Das sah jetzt sehr cool aus und hätte den leider verstorbenen Altmeister des runden Designs vermutlich erfreut.

Licht ist gerade in einem kleinen Raum besonders wichtig. Wir brachten mehrere neue Lampen an, die sich harmonisch in den nun sehr gemütlichen Wohnraum einfügten und eine Loungeatmosphäre versprühten.

Wichtig erschien uns aus unserer bisherigen Erfahrung mit einem geliehenen Camper, dass es ausreichend Ablagemöglichkeiten gab und dass alles möglichst praktisch eingerichtet war. Getreu dem Motto: Einfach aber wirkungsvoll.

Mittlerweile wissen wir, dass unser Wohnwagenprojekt praktisch keinen Fertigstellungstermin hat, denn nach jedem Urlaub fallen uns weitere Verbesserungsmöglichkeiten ein, die wir dann gemeinsam realisieren.

Wir sind stolz darauf, unser Ding zu machen.

Potti ante Porta

Wie gesagt, unser neu erworbener, alter Wohnwagen war mit einem Nasszellenkabuff ausgestattet. Hierin befand sich ein papierleichtes Waschbecken aus Kunststoff, welches weggeklappt den Weg zur eingebauten Chemietoilette freimachte. Das war erst mal pfiffig, weil platzsparend konzipiert, denn ich konnte mir zunächst mal keinen Fall vorstellen, bei dem man beides zeitgleich benutzen musste.

Eine Errungenschaft der menschlichen Zivilisation besteht darin, Toiletten mit Wasserspülung zu benutzen und unsere Notdurft nicht im Wald oder einfach im Wohnzimmer in der Ecke neben dem Fernseher zu verrichten. Ich bin mir nicht sicher, ob diese in Wohnwagen eingebauten Verrichtungsstätten nicht einen kleinen kulturellen Rückschritt in der menschlichen Evolution darstellen.

Thetford, 1963 in Michigan/USA gegründet, ist Erfinder und Hersteller der Porta-Potti-Campingtoiletten und wirbt mit dem Slogan: „Seit mehr als 45 Jahren sorgen wir für unbeschwertes Reisen". Das unbeschwerte Reisen ist der Aufruf, alles rauszuhauen; praktisch der große Räumungsverkauf. Der Hersteller sieht einen der

Vorteile seiner mobilen Donnerbalken in der Ausführung mit praktischer Entlüftungstaste für spritzfreie Entleerung. Oha! Kopfkino bitte ausschalten. Ich bin fest davon überzeugt, dass es in einigen Fällen, wenn Vatti nach dem Verzehr von reichlich Hülsenfrüchten und Drücken seiner persönlichen Entlüftungstaste Druckwellen ausgelöst hatte, denen die papierdünnen Wände des Nasszellenabteils nicht standhalten konnten. Die unmittelbare Nähe zum Gasherd lässt erahnen, dass man sich mitten in einer Ex-Zone mit Zündquelle befindet und dass der ein oder andere Camper bestimmt als Weltraumschrott in einer erdnahen Umlaufbahn kreist. Nimmt man auf diesen Campingtoiletten Platz, fühlt man sich aufgrund der niedrigen Sitzhöhe wie ein Skispringer vor dem Absprung. Jetzt den richtigen Zeitpunkt am Schanzentisch erwischen, den Flug soweit wie möglich ziehen und zur Landung einen lupenreinen Telemark hinlegen. Die Haltungsnoten sind entscheidend.

Außen und aus gutem Grund mit einem Schloss gegen unbefugtes Öffnen gesichert, befindet sich der Zugang zu eincr Kassette, in der die Verdauungsrückstände und sonstigen Ausscheidungen gesammelt werden. Die Bedeutung des Spruchs „Ich scheiße größere Haufen als du!" kann morgens auf Campingplätzen beobachtet werden. In aller Regel werden diese Schatzkästchen von den Männern zu den gekennzeichneten Entsorgungsstellen getragen oder auf komfortablen „Hacken-Porschen" wie Trophäen der nächtlichen Aktivitäten mit einer absoluten Selbstverständlichkeit hinter sich hergezogen. Gern parkt man die Scheiße auf Rädern auch vor dem kleinen Kiosk des Campingplatzes, um für das Frühstück in einem Gang direkt die Brötchen mitzunehmen. Da ist der Kreislauf direkt wieder geschlossen. Wer hier zimperlich ist und Handschuhe trägt oder gar eine offensichtlich leichte Kassette befördert, ist bei den eingefleischten Campern der Nachbarschaft schon unten durch. Die wahren Helden zeichnen sich durch einen rustikalen Umgang mit der Sache und der Missachtung sämtlicher Hygienevorschriften aus.

Auch sonst ist es von Vorteil, wenn man nicht überpingelig ist, was nicht bedeutet, dass Hygiene grundsätzlich keine Rolle spielt. Ich bin kein Arzt, habe aber gelesen, dass es vorteilhaft sein kann, seine Kinder nicht vor allen Keimen dieser Welt abschirmen zu wollen. Erstens klappt das sowieso nicht und zweitens kann es durchaus nützlich sein, wenn man Antikörper gegen einige Viren bildet. Es muss ja nicht direkt Ebola oder das derzeit omnipräsente Corona-Virus sein. Ich glaube ich bin da irgendwie normal und im Durchschnitt. Allerdings staune ich immer noch über Kinder, die in der

Schmutzwasserverklappungsstelle für Wohnmobile mit einem Ball oder mit ihren Modellautos spielen. Auf der anderen Seite: Ist zwar nicht appetitlich, wird aber keinen wirklich umbringen, wenn er das Brackwasser aus Spül- und Waschbecken abbekommt. Mein Highlight in dieser Kategorie ist ein kleines Mädchen im Kindergartenalter, welches der Vater während der Zeit seines Toilettengangs offensichtlich unbeaufsichtigt im Waschraum zurückgelassen hatte. Als ich die kleine Dame bemerkte, war sie gerade dabei sich im Fußwaschbecken zu waschen und die Zähne zu putzen. Woher sollte sie wissen, dass es ein Becken für die Fußreinigung war, wo es doch so ähnlich aussah wie die im Kindergarten angebrachten niedrigen Waschbecken für die Kleinen. Sie wird's ganz sicher überlebt haben und es war bestimmt nicht die erste und letzte Verwechslung dieser Art. Ihr Vater nahm es nach seiner Rückkehr sehr gelassen. Kompliment!

In unserem ersten Campingurlaub, der uns unter anderem an die toskanische Küste in Vada führte, wollten wir vor der Abreise die Kassette entleeren, in der sich - und ich schöre es ist wahr - ausschließlich Abwasser vom Zähneputzen vom Vorabend befand. Hierfür erschien uns der Weg zur Entsorgungsstelle zu weit und wir entschieden uns, den Inhalt in einen Gully an der nahe gelegenen Frischwasserzapfstelle zu entleeren. Sofort entrüstete sich lautstark ein benachbarter deutscher Camper ob unserer Entleerungsaktion. Unsere Erklärungen zum Inhalt der Kunststoffbox halfen überhaupt nicht, ihn zu beruhigen. Er regte sich immer weiter auf. Herrlich, wie manche Menschen im Urlaub entspannen können. Im Grunde hatte sein Protest aus seiner Perspektive zwar auf den ersten Blick eine gewisse Berechtigung, doch bei näherem Hinsehen wirkte es doch seltsam. Besagter Urlauber hatte seinen Stellplatz direkt neben dem Waschhaus. Um den Hygieneanforderungen der überwiegend schwäbischen Gäste des Campingplatzes gerecht zu werden, wurde die Toilettenanlage zweimal täglich von den italienischen Angestellten mit einem starken Wasserstrahl, der gefühlt mindestens aus einem C-Rohr kam, gründlichst gereinigt. Das Schmutzwasser floss zusammen zu einem gewaltigen und alles mit sich reißenden Rio Stinko, welcher direkt auf seine Parzelle floss und irgendwo im sandigen Boden vor seinem Wohnwagen versickerte. Er hatte sich offenbar schon daran gewöhnt und nahm es nicht mehr als störend wahr. Es zeigte sich einmal mehr, dass Wahrnehmungen sehr subjektiv und bisweilen auch eingeschränkt sein können. Hier ging es wohl ums Prinzip. Da helfen dann auch keine Argumente mehr.

Freiheit durch Verzicht

Camping ist eine ganz besondere Form des Tourismus bei der man in einer Art Selbstkasteiung auf die Annehmlichkeiten der menschlichen Zivilisation verzichten kann und in Zelten, Hängematten unter freiem Himmel, Wohnwagen oder Wohnmobilen übernachtet. Sein Ursprung lag in den Anfängen des letzten Jahrhunderts als Arbeiter erstmals so etwas wie einen Urlaubsanspruch hatten und kostengünstige Möglichkeiten suchten, in der freien Natur zu übernachten. In diesen Zeiten wurde auch der Begriff Sommerfrische, in die man fuhr, geprägt, der der heutigen Generation meist nur noch als Duftnote auf Weichspülerflaschen bekannt ist. In den dreißiger Jahren begann der Siegeszug der Wohnwagen, die oft als „Haus am Haken" bezeichnet wurden und deutlich mehr Komfort und vor allem Wetterschutz boten als Zelte. Bereits in den sechziger Jahren wurden Campingmobile wie z.B. der legendäre und heute fast unbezahlbare VW Bulli T1 als Campingmobile gebaut. Hier ist auf cngstem Raum mit ingenieurtechnischer Hochleistung und Optimierung alles untergebracht was der Camper braucht. Eingefleischte Hippies, die Zeit muss großartig gewesen sein, fuhren mit diesen Mobilen oder ihren Nachfahren in den späten Sechzigern und Siebzigern bis nach Indien und suchten und fanden dort mit Hilfe von Räucherstäbchen und bei uns verbotenen, das Bewusstsein steigernden Substanzen ihre Erleuchtung. Einige der einst coolen Typen fristen heute ihren Lebensabend als Dauercamper auf Plätzen, die viele Parallelen zu „Kleingeistvereinen" haben. Das Leben ist dort geprägt von strengen Regeln und Platzordnungen, die die Inhaftierten in starre Korsetts zwingen. Die Vorstellung erfüllt mich mit einem traurigen Gefühl.

Camping boomt seit einigen Jahren und wird offenbar durch die Corona-Zeit noch beflügelt. Der Hauptgrund hierfür könnte nach meiner Beobachtung der Wunsch nach individuellem Urlaub in der Natur abseits der ausgetretenen Pfade des Massentourismus liegen. Hotelbunkeranlagen mit All Inclusive stellen das Gegenteil dar. Interessant ist auch der Boom der Kreuzfahrschiffe, die als schwimmende Kleinstädte ihren Gästen viel Komfort und jede Form von Annehmlichkeiten bieten, aber auch wenig persönliche Entfaltungsmöglichkeiten. Mit komplett durchorganisierten und relativ teuren Landgängen wird man jeden Tag durch eine andere Stadt geführt. Vor einigen Jahren habe ich selbst eine Mittelmeerkreuzfahrt mit der AIDA gemacht. Hier kann man morgens Nutella-

Brötchen essen und wird mittags durch einen Basar in der Kasbah von Tunis geleitet. Ich bin ganz ehrlich: Damals hat mich die Reise beeindruckt, da man in kurzer Zeit sehr viele Eindrücke bekommt und der Komfort auf dem Schiff beeindruckend ist. Heute denke ich anders darüber. Die perfekte Organisation und die kurzen Tagesaufenthalte, die es kaum ermöglichen, die Besonderheiten der unterschiedlichen Länder und Kulturen zu erfahren, empfinde ich heute als eher nachteilig. Ich möchte an dieser Stelle das Problem des enormen Schadstoffausstoßes der meisten Kreuzfahrtriesen gar nicht in den Mittelpunkt stellen, aber ignorieren sollte man es auch nicht. Ich respektiere jeden, der sich für einen Kreuzfahrturlaub entscheidet, ich selbst sehe das allerdings mittlerweile – und nicht erst seit Greta – eher kritisch. Von Ausbreitungsmöglichkeiten für Viren will ich gar nicht sprechen. Wir lagen vor Madagaskar und hatten die Pest an Bord...

Camping ist Freiheit durch Verzicht. Hört sich erst mal komisch an, ist aber meine Erfahrung. Es gibt keine festen Zeiten zu denen man sich frisch geduscht im Hotel- oder Bordrestaurant zur heißen Schlacht am kalten Buffet einfindet. Auch wenn es auf Campingplätzen Ausnahmen gibt, aber das nervende Markieren von Pool- oder Strandliegen mit Handtüchern beobachtet man Gott sei Dank eher selten. Weiter besteht ein ganz entscheidender Vorteil: man fährt weiter, wenn es einem nicht gefällt. So einfach! Allerdings muss man sagen, dass diese Freizügigkeit, wenn man während der Hauptferienzeit mit dem Wohnwagen fährt, auch etwas eingeschränkt sein kann, da man mittlerweile in der Hochsaison auch viele Campingplätze vorreservieren und bezahlen muss.

Camping ist Urlaub von Anfang an und startet schon damit, den Wohnwagen für die Fahrt vorzubereiten. Die Klamotten werden nicht in einen Koffer gefaltet, sondern in den Kleiderschrank und die Ablagen geräumt. Ganz wichtig ist es, genügend Bier und Wein in den kleinen Bordkühlschrank zu stellen, denn es gibt für mich nichts Schöneres als nach der Ankunft auf dem Campingplatz und Aufbocken des Wohnwagens ein kühles Blondes zu zischen. Grandios! Übrigens habe ich festgestellt, dass sich Flaschen hervorragend als Ersatz für eine Wasserwaage bei der Ausrichtung des Caravans eignen. So und dann ist man schon bereit, den Urlaub in vollen Zügen zu genießen. Ich kann es schlecht in Worte fassen, aber ein Gefühl von Freiheit stellt sich unmittelbar ein.

Entspannter Däne

Ina machte den Vorschlag, die erste größere Fahrt mit dem Wohnwagen im Sommer an die Ostsee nach Dänemark zu machen.

Den ersten Stopp auf dem Weg dorthin legten wir in Bliesdorf, einem kleinen Ort südlich von Grömitz, an der deutschen Ostseeküste ein. Der Campingplatz war direkt an einer Steilküste gelegen mit Zugang zum Strand. Die Anlage war geprägt von Dauercampern, die ich hier das erste Mal aus der Nähe beobachten konnte.
Dauercamper sind eine ganz besondere Spezies. Sie leben in Behausungen, bei denen man teilweise erst auf den zweiten Blick erkennt, dass es sich um ehemalige Wohnwagen handelt. Die Parzellen sind häufig durch Hecken begrenzt, die Vatti samstags vor der Sportschau auf den Millimeter genau schneidet. Eine Sat-Schüssel fehlte an keinem Wohnwagen. Warum sitzt man im Urlaub in einem Wohnwagen, versucht einschließlich Fernsehen alles so zu gestalten wie zuhause und schaut RTL, während das Leben an einem vorbeizieht? Versteh einer diese Menschen.

„Kleingarten-Camper" in seinem Refugium

Nach dem Aufbau des Wohnwagens am Mittag suchten wir das Waschhaus auf. Auf dem Weg dorthin sprach ich einen der Kleingartencamper mit Hut an, um zu erfragen, wo sich die Abfallcontainer befinden. Meine freundliche Frage wurde beantwortet mit dem Satz: „Die befinden sich draußen vor dem Eingang zur Platzanlage." Und weiter mahnend: „Denken Sie daran, in der Mittagszeit zwischen 12:30 und 14:30 Uhr ist die Entsorgung von Abfällen strengstens untersagt." Ich mag diese besserwisserischen Wichtigtuer nicht, die als einziges Ziel die Einhaltung von aus meiner Sicht und in diesem Fall sinnlosen Regeln haben. Die Müllcontainer waren weit genug von den Stellplätzen entfernt. Hier konnte wirklich niemand gestört werden. Ich wollte zwar in diesem Moment nichts entsorgen, aber der böse Junge in mir forderte mich auf, eine Abfalltüte extra zu holen, um sie vor seinen Augen in den Container zu werfen. Ich tat es aus reiner Bequemlichkeit nicht. War wahrscheinlich auch besser so. Bliesdorf war ansonsten nett und wir konnten mit unseren beiden Klapprädern einen Weg entlang der Steilküste bis nach Grömitz oder in die andere Richtung nach Rettin fahren.

Nach ein paar Tagen ging es weiter in Richtung Dänemark. Direkt hinter der Grenze bogen wir rechts ab und fuhren Richtung Küste. Die Gegend wurde immer einsamer und auf den Straßen sah man kaum Leute. Der Campingplatz in Lavensby in der Nähe von Sønderborg auf der Halbinsel Als war Mitten in der absoluten Einöde gelegen. Die Zeit, seit der Ina das letzte Mal als Kind in den 1970er-Jahren dagewesen war, schien stehen geblieben zu sein. Für mich war von Anfang an die absolute Stille dieses Ortes sehr beeindruckend. In Grömitz hatte die Ostsee noch in Flammen gestanden und Tausende hatten sich das Spektakel von der überfüllten Promenade, in Zeiten von Corona heute nicht mehr vorstellbar, angesehen. Hier aber war außer dem leisen

Rauschen der nahen Ostsee nichts aber absolut
gar nichts zu hören. Größer hätte der Kontrast
kaum sein können. Wir stellten unser Gespann
an der Einfahrt des kleinen, in Terrassen
angelegten Campingplatzes ab und gingen in den
winzigen Laden, in der auch die Rezeption war.
Mit einem kurzen Palim-Palim kündigte die
Bimmel an der Eingangstür unseren Besuch an.
Der Laden war dämmrig und in den Regalen
konnte ich altes Plastikspielzeug erkennen,
welches im Laufe der Jahrzehnte schon das
meiste seiner Farbintensität eingebüßt hatte. In
einer Kühltruhe sah ich Eissorten in historischen
Verpackungen, die darauf hindeuteten, dass
einige der kalten Speisen offenbar seit
Jahrzehnten darauf warteten, verzehrt zu werden.
Die ganze Atmosphäre war fast etwas unwirklich.
Nach ein paar Minuten erschien der Besitzer des
Platzes und begrüßte uns kurz. Ich glaube, dass
ich in meinem ganzen Leben noch niemals einen
Menschen getroffen habe, der tiefer entspannt
war als dieser Däne. Unfassbar! Ich füllte den
Anmeldeboden aus und er hatte nur eine Frage:
„Welche Brötchen wollt ihr morgen früh?" Mir war
klar, dass fußläufig das Erreichen der Zivilisation
aussichtslos war und selbst mit dem Fahrrad
man nur in einer mehrstündigen Tour einen
Bäcker hätte erreichen könnte. Ich bestellte von
jeder Sorte ein Brötchen für den nächsten

Morgen. Das Überleben war somit schon ein Stück weit gesichert.

Ich war etwas verwundert, dass er uns nicht für einen Platz eingeteilt hatte und so fragte ich danach. Er lächelte nur kurz und erwiderte mit diesem unnachahmlichen Akzent: „Du siehst doch wo was frei ist. Stell dich einfach dahin wo es dir gefällt." Er hatte ja so Recht. Das Leben kann einfach sein. Der totale Gegensatz zum vollkommen durchorganisierten Campingplatz an der deutschen Ostseeküste. Auch das Bezahlen lief vollkommen entspannt ab. Smørrebrød sagte nur: „Wenn ihr abfahrt, kommt einfach kurz hier vorbei." Keine Anzahlung, keine Kreditkarte nur Sicherheit durch Vertrauen in die Menschen. Die Welt war hier noch ein bisschen mehr in Ordnung als an anderen Stellen.

Kennen Sie das? Sie fahren auf einen leeren Parkplatz und müssen sich für einen Stellplatz entscheiden. Ähnlich war es hier. Wir hatten die freie Auswahl und machten den Fehler des unnötigen Optimierens. „Schau mal hier ist der Blick auf das Meer schön, hier ist das Waschhaus nah, ..." Das hätte der Däne an unserer Stelle bestimmt nicht gemacht und lebte auch aus diesem Grund vermutlich entspannter als wir. Wir entscheiden uns schließlich für einen Platz und bauten den kleinen Wohnwagen auf. Wir hatten unseren Tapeziertisch mitgenommen und eine Liege auf der wir beide saßen. Wir fanden es sehr gemütlich und waren nicht traurig, dass wir bisher noch keine Zeit gehabt hatten, Campingmöbel zu kaufen. Ging auch so.

Nach dem obligatorischen Aufbauabschlussbier gingen wir zum Strand runter. Ina hatte mich vorgewarnt. Es war ein Naturstrand ohne durchgeharkten Sand und ohne irgendwelche Verkaufsbuden. Die hätten sich auch nicht gelohnt, denn außer uns war ja niemand da. Eine unglaubliche Stille lag über dieser Strandatmosphäre, die nur durch das Meeresrauschen und lachende Möwen geprägt war. Man konnte kilometerweit laufen, ohne einer Menschenseele zu begegnen. Das Meer war an diesem Tag leider voller Feuerquallen und so sahen wir von einem Bad erst mal ab.

Wir entschlossen uns dazu, eine Wanderung am Strand zu unternehmen. Normalerweise bin ich von uns beiden der Strandgutfinder aber nach einer Stunde Wanderung sagte Ina: „Schau mal, da liegt ein Baumstamm." „Jo", dachte ich und ging weiter. Was ich noch nicht ahnte, war, dass Ina bereits gedanklich das nächste Projekt gestartet hatte. Der Stamm war ungefähr 1,5 Meter lang und hatte offensichtlich mehrere Jahre im Wasser verbracht und war von diesem und der Sonne ausgebleicht. Als ich ihn aufstellte, bemerkte ich seine ausgeprägte Phallusform.

Wir tarnten den Baumstamm unter einem Gebüsch am Strand, um ihn vor anderen möglichen Interessenten zu verstecken. Während ich das schreibe, kommt es mir noch grotesker vor als in der damaligen Situation. Es war niemand zu sehen und selbst wenn: wer außer uns wäre auf die verrückte Idee gekommen diesen Baumstamm mitzunehmen?

Am nächsten Tag kamen wir zum Tatort zurück und stellten fest, dass wir den Stamm mindestens zwei Kilometer würden tragen müssen, um an eine Stelle zu gelangen an der wir ihn in den Wagen laden konnten. Nach den ersten hundert Metern dachte ich noch „was für eine blöde Idee", nach einer halben Stunde Baumstammschleppen war ich fest davon überzeugt, dass wir vollkommen verstrahlt sein mussten. Wir trugen den hölzernen Kollegen mit letzter Kraft schließlich eine Böschung hinauf zu einem kleinen Pfad und machten uns auf den Weg zurück, um das Auto zu holen. So weit so gut. Es wäre alles nicht so schlimm gewesen, wenn wir den direkten Weg am Strand genommen hätten. Wir entschieden uns dazu, über die Wiesen und durch die Wälder zurückzulaufen. Der Himmel war bedeckt, die Temperaturen angenehm und bereits nach kurzer Zeit war das Meer außer Sicht. Natur pur, wohin man auch sah. Ja, der fehlende Orientierungssinn ist schon eine blöde Geschichte. Ich habe diesen Defekt übrigens von meiner Mutter geerbt. An einer oder mehreren Kreuzungen der Waldwege mussten wir ganz offensichtlich falsch abgebogen sein. Wir entfernten uns immer weiter von unserem Ziel, dem Campingplatz, und merkten es nicht. Nach zwei Stunden strammen Gehens und ohne irgendeinen Menschen getroffen zu haben, wurden wir langsam etwas unsicher. Irgendwann kamen wir zu einer etwas größeren Straße und bereits der dritte Däne auf einem Fahrrad hielt an, um meine Frage nach dem Weg zu beantworten. Nein, nicht alle Dänen sind nett. Ich konnte in seinen Augen sehen, wie sehr es ihn amüsierte, dass wir noch weitere gefühlt acht Kilometer Fußweg bis zum Campingplatz vor uns hatten. In der Dämmerung kamen wir schließlich wieder in Lavensby an. Den für einen Ruhrpottmenschen wie mich total beeindruckenden, bombastischen Sternenhimmel sah ich mit einem Glas Rotwein in der Hand noch kurz Aufblinken um dann direkt in die Tiefschlafphase zu entgleiten.

Am nächsten Tag fuhren wir in weniger als zehn Minuten mit dem Auto zurück an die Stelle, wo wir den wertvollen Stamm gelassen hatten. Er passte bei umgeklappten Rücksitzen gerade so in den Wagen und zurück am Campingplatz angekommen, konnte man an den Sägespänen auf dem Velours erkennen, dass Meister Holzwurm noch aktiv war.

Ob ein Urlaub erholsam war, merke ich häufig erst viel später. Die Camping-Ferien in Dänemark waren es für mich auf jeden Fall. Ich freue mich immer, wenn ich das alte dänische Holz sehe, welches seit einem Jahr als Skulptur auf einer Eisenstange unseren Garten ziert. Nächstes Mal nehme ich aber vielleicht doch ein kleineres Stück Holz mit.

Hält der das aus?

Seinen Urlaub im Wohnmobil, Wohnwagen oder Zelt zu verbringen, ist etwas für kommunikative Menschen. Selbstverständlich kann man auf den meisten Campingplätzen seine Ruhe haben, wenn man diese sucht. In aller Regel ist es sehr leicht, Kontakte aufzubauen. Es gibt immer etwas zu besprechen und häufig startet schon die erste Interaktion beim Einparken des mobilen Zuhauses. Hilfsbereitschaft wird unter den Freunden des Outdoor-Urlaubs großgeschrieben. Sobald sich ein Neuankömmling nähert, stehen die meisten schon in Bereitschaft um beim Einparken zu unterstützen. In der Regel entstehen auch hier die üblichen Kommunikationsprobleme...

Vor ein paar Jahren verbrachten wir ein paar Tage auf einem Campingplatz an der toskanischen Küste in Vada. Wir kamen mittags an und hatten keine Ahnung, wie groß der Platz sein würde. Es war gerade Mittagsruhe, das heißt man durfte nicht auf die Anlage fahren. Grundsätzlich ist nichts gegen Siesta einzuwenden, doch die strikten Regeln gaben einen ersten Vorgeschmack darauf, dass man hier Deutsch sprach. Wir wurden in einem Golfwagen zu den noch freien Stellplätzen gefahren und entschieden uns spontan für einen Platz nahe am Wasser. Die meisten Plätze hatten einen Schutz gegen die erbarmungslos knallende Sonne. An den Kennzeichen der Wohnwagen und Wohnmobile konnte man erkennen, dass der Platz eine schwäbische Enklave war. Die Schranke machte pünktlich auf die Minute nach dem Ende der Mittagszeit den Weg auf den Platz frei. Ich hasse es, wenn Italiener diese deutschen Angewohnheiten übernehmen. Die Globalisierung verdrängt bisweilen einige landestypische Gewohnheiten. Das ist nicht gut. Schnell wurde klar, dass die Stellplätze und Wege recht eng bemessen waren und wir den Wohnwagen aufgrund begrenzter Rangiermöglichkeiten abkuppeln mussten. In der hochsommerlichen Mittagshitze wurde der kleine Anhänger auf einmal tonnenschwer als wir ihn zu zweit über den tiefen Sandboden schoben. Der Schweiß rann in Strömen. Wie in Trance hörte ich plötzlich eine Frage, es war mehr ein Geräusch: „Habtsch kein Motörle?" Was war das? Verzweifelt war ich in Gedanken auf der Suche nach den Untertiteln auf Tafel 222, bis mir klar wurde was gemeint war. Die nette schwäbische Dame, mittleren Alters mit einer Flasche Ramazotti in der Hand wollte wissen, ob wir einen Mover haben. Mover sind diese Elektromotorantriebe mit denen Vatti mit Fernbedienung ultralässig den abgekuppelten Wohnanhänger mit ganz eleganten Drehungen und ohne Anstrengung auf jeden noch so kleinen Handtuchstellplatz fahren konnte. Ein Hoch auf diese sicher sehr schwäbische Erfindung. Wir hatten aber keinen und so war Handarbeit gefragt. Die freundliche Nachbarin sagte nur, dass sie kurz Ihrem Mann, der vermutlich sehnsüchtig auf den Ramazotti-Nachschub wartete, Bescheid sagen wollte. Bereits zwei Minuten später fuhr unser Wohnwagen bereits ganz leicht und ich sah wie zwei Schwaben in kurzen Hosen mithalfen, zu schieben. Mit einem Ruck stand der Wagen schließlich an der richtigen Stelle. Wir bedankten uns. Etwas später bemerkte ich, dass die offenbar gut ausgeruhten Teutonen nicht die hierfür vorgesehenen Griffe, sondern ihre Kraft in die Kederschiene, einer am Wohnwagen umlaufenden Metallschiene in die das Vorzelt oder das Sonnensegel eingezogen werden, eingeleitet hatten. Diese hatte der Energie der Schwaben nicht unverformt standgehalten. So ist man auch direkt beschäftigt und dengelt in der nächsten Stunde erst mal mit dem Hammer. Es ist immer irgendwas zu tun. Langeweile kommt beim Campen nicht auf. Ina wollte uns zur Stärkung erst mal einen löslichen Kaffee bereiten und stellte den Wasserkocher an. Kurz darauf war der Strom weg und in der gleichen logischen Sekunde hörten wir aus dem einen Meter Luftlinie entfernten Nachbarwohnwagen: „Ihr habtsch bestimmt einen

Wasserkocher eingeschaltet. Das schaffen die Sicherungen hier net." Wir waren dankbar für den Hinweis und gleichzeitig etwas besorgt, ob wir auf diesem engen Platz auch genügend Privatsphäre haben würden.

Ein weiteres kommunikativ durchaus desaströses Erlebnis hatte ich auf einem Campingplatz in Südtirol. Da wir uns trotz mehrerer Urlaube mit Wohnwagen noch als Campinganfänger sehen, nutzen wir auf Plätzen schon mal die Gelegenheit uns anzuschauen, welche verschiedenen Ausführungen an Häusern am Haken es gibt und lassen uns inspirieren für Umbauten an unserem alten Wagen oder träumen von modernem Equipment. Bei einem Spaziergang über den kleinen Platz fiel mein Blick auf ein Rooftop-Zelt. Diese Dachzelte sieht man in letzter Zeit immer häufiger. Es handelt sich hierbei um ein Zelt auf dem Dach eines Autos. Ich habe nicht verstanden, wozu das gut sein soll. Vielleicht ist das Schlafen auf dem Autodach von Vorteil, wenn man eine Safari in Afrika oder eine Tour durch Australien macht als Schutz vor wilden, giftigen und gefährlichen Tieren. Aber bei uns? Ich glaube es könnte etwas zu tun haben mit einer kindlichen Erinnerung und Faszination für Baumhäuser. Wer hatte als Kind kein Baumhaus gebaut und davon geträumt dort zu übernachten? In diesem Fall handelte es sich um einen Volkswagen Touran und das Rooftop-Zelt war in einer Art aufgeklapptem Hartschalenkoffer auf die Dachreling montiert. Mit einer Leiter, die seitlich neben dem Fahrzeug stand, kam man ins Autobaumhaus. Wir kamen mit der Besitzerin der Dachschlafstätte schnell ins Gespräch. Die Frau war um die dreißig Jahre alt und weder schlank noch richtig dick, irgendwie dazwischen. Leider kam bei mir der Ingenieur mal wieder durch. Mit Blick auf die Last des Rooftop-Tents insbesondere mit zwei ausgewachsenen Menschen – ohne überhaupt über irgendwelche weiteren Aktivitäten nachzudenken - stellte ich eine Frage, die man falsch verstehen konnte. Ich hörte mich sagen: „Das ist schon faszinierend, dass das alles auf dem Dach montiert ist." Ich hätte es dabei belassen sollen doch mit Blick auf die zulässige Dachlast des PKW fragte ich: „Hält der das aus?" Mir war in diesem Moment nicht klar, dass das für die junge Frau durchaus wie eine Anspielung auf ihr leichtes Übergewicht wirken konnte. Ganz ehrlich war ich tatsächlich ausschließlich an der Belastungsgrenze der Konstruktion interessiert. Das Gespräch endete danach relativ schnell. Ina sagte mir ein paar Tage später, dass sie die Dachschläferin im Waschhaus getroffen und sie ihren freundlichen Gruß ignoriert hatte. Ich hatte sie ganz offenbar unabsichtlich beleidigt und sie war jetzt sauer. Kommunikation ist eine schwierige Sache und die Situation hatte mir ein weiteres Mal vor Augen geführt, dass man sich noch öfter fragen sollte, wie der andere Mensch eigene Aussagen verstehen könnte. Ich gelobe Besserung. Das Thema mit der Dachlast bleibt für mich aber noch ungelöst.

„Hält der das aus?"

Marie Kondo

Positive Charaktereigenschaften können für den Träger aber auch für seine Mitmenschen zum Problem werden, wenn ihre Ausprägungen sehr extrem werden. Im schlimmsten Fall kann der Charakterzug sogar entgleisen. Immer wenn mich meine eigene Unordnung mal wieder nervt, beneide ich Menschen, die es schaffen, ständig und zu jeder Zeit Ordnung zu halten. Ich empfinde es leicht und auch befreiend, aufzuräumen und beispielsweise meinen Kleiderschrank auszumisten. Die dann geschaffene Ordnung dauerhaft beizubehalten, fällt mir manchmal schwer. Ich tröste mich mit dem Gedanken, dass ich nicht in Gefahr bin, ein Pedant zu werden. Derartige Verhaltensstörungen können, wie in der Fernsehserie Monk eindrucksvoll dargestellt, bisweilen bizarre ja sogar krankhafte Ausprägungen haben. Da bin ich Gott sei Dank außer jeder Gefahr.

Marie Kondo, ich kannte sie vor dem Urlaub nicht und wurde erst durch Ina auf sie aufmerksam gemacht, ist eine japanische Bestsellerautorin und Ordnungsberaterin mit weltweit hohem Bekanntheitsgrad. Ich habe gelesen, dass Netflix im Jahr 2019 eine Serie „Aufräumen mit Marie Kondo" gestartet hatte. Ihre Spezialität ist es –

und jetzt halten Sie sich fest – Schränke aufzuräumen. Man kann aber auch mit Geschichten berühmt werden. Sagenhaft!

Wir haben sie getroffen und zwar auf einem kleinen Campingplatz in Südtirol. Wir zweifeln noch etwas. Vielleicht war sie es auch nicht, sondern jemand der ihr äußerlich verblüffend ähnlich war aber in Bezug auf den Ordnungswahnsinn noch deutlich extremer als die echte Aufräum-Marie. Die japanische Italienerin, die wir trafen, verbrachte ihren Urlaub mit einer vierköpfigen Familie in einem schwarzen VW Bus T6 am Kalterer See zwei Stellplätze weiter. Sie war klein und dünn und hatte ihre halblangen schwarzen Haare zu einem strengen Pferdeschwanz zusammengesteckt. Die perfekte Organisation ihrer Camping-Parzelle stach sofort ins Auge. Alles aber auch wirklich alles war fein säuberlich in Plastikkisten verpackt und befand sich zu jeder Zeit an seinem zugewiesenen Platz. Nichts stand herum, selbst der Ehemann nicht. Ich weiß nicht wie das funktioniert, vor allem wenn man mit zwei Kindern und Hund Urlaub macht. Sie wusste es. Der Preis für die Ordnung war, dass sie offenbar kontinuierlich mit ihrer Aufrechterhaltung beschäftigt war. Gut, sie sparte auf der anderen Seite auch etwas Zeit beim Suchen. Wenn sie Essen zubereitete, stand in ihrer kleinen Outdoorküche alles wohl vorbereitet in kleinen Schälchen vor ihr, die exakt und auf

65

den Millimeter genau auf dem Campingtisch ausgerichtet waren. Die zierliche Frau hatte immer eine Schürze umgebunden. Diese nahm sie nur ab, wenn sie mal zum See ging, was aber vermutlich aus Zeitgründen praktisch nie vorkam. Beim Kochen hatte sie Latexhandschuhe an und ein großes, in der Sonne blitzendes japanisches Messer in der Hand. Sie lächelte, wenn man vorbeiging stets freundlich und schien mit sich und ihrer Welt im Einklang zu sein. Mich hätte es nicht gewundert, wenn sie täglich den kleinen Bus ausgesaugt, Staub gewischt und den Kies auf dem Stellplatz geharkt hätte wie einen japanischen Zengarten. Irgendwie fand ich unseren kleinen Wohnwagen, in dem sich nach drei Wochen Urlaub die Sachen etwas durchmischten, gemütlicher. Es gibt dennoch Momente in meinem Leben, da ich wünschte ich mir für mich etwas mehr Kondo.

Eine Steigerung dieses menschlichen Charakterzugs hatten wir vor ein paar Jahren auf einem Campingplatz in Italien erlebt. An diesem Ort waren auch einheimische Dauercamper. Da sich bereits das Ende der Saison näherte, fing der eine oder andere trotz hochsommerlicher Wetterlage bereits an, seine Behausung abzubauen. So auch auf dem Stellplatz direkt gegenüber von unserem. Hier stand ein sehr großer alter Wohnwagen aus den 1970er-Jahren und mehrere aus großen Zelten erstellte hieran angebaute Behausungen, praktisch die „Vereinigten Hüttenwerke". Wir sahen morgens ein älteres italienisches Ehepaar, beide deutlich jenseits der siebzig Lebensjahre, gemeinsam mit dem Wagen kommen. Nach kurzem italienischem Geschnatter fuhr die Oma allein wieder ab und Opa machte sich sogleich an die Arbeit. Bevor Sie sich gleich wundern: Ja, es gibt natürlich auch italienische Pedanten. Der ältere italienische Herr war sogar ein ausgeprägtes Exemplar dieser Spezies. Jede einzelne Stange dieser kleinen Zeltstadt wurde mit größter Sorgfältigkeit begutachtet und gereinigt. Ich weiß nicht genau wie ich es beschreiben soll und mir fällt hierzu eine kleine Anekdote aus meiner Bundeswehrzeit ein. Diejenigen von Ihnen, die wie ich einen Teil ihrer Lebenszeit hier verbracht haben, kennen sicher den Spind-Appell in der Grundausbildung. Angekündigt oder unangekündigt wurde bei diesem Ritual der Spind der Wehrpflichtigen auf Ordnung und Sauberkeit kontrolliert. Es gab nur ein kleines privates Fach im Schrank, welches nicht geöffnet werden musste und deshalb mit ungeordneten Sachen vollgestopft wurde, dessen Aufnahmekapazität aber leider sehr begrenzt war. Das Falten von Hemden ist übrigens die einzige nützliche Sache, die ich in meinem weiteren Leben noch verwenden konnte. Unser Ausbilder, ein Unteroffizier, hatte einen Heidenspaß daran, mit einem weißen Handschuh nach Resten von

Staub im Spind zu suchen. Auch wenn sein Handeln in aller Regel recht berechenbar und ganz offenbar durch einen langsamen Prozessor gesteuert wurde, überraschte er uns bei einem Appell und nahm die Kleiderstange heraus, um sie von Innen – ja Sie haben richtig gelesen – auf Staub zu kontrollieren. Hierzu sah er in die Kleiderstange wie in einen Gewehrlauf. Das schlimmste war: man durfte damals in der Situation nicht lachen. Das habe ich dann abends mit den Kameraden bei ein paar Bierchen nachgeholt.

Als ich den Italo-Pedanten sah, wie er die Zeltstangen auch innen von Staub befreite und zur Kontrolle in die Sonne hielt und durchsah, fiel mir die blöde Bundeswehrgeschichte wieder ein.

Abends kam seine Frau zurück, um ihren Monk abzuholen. Sie hatte bestimmt ohne ihn so etwas wie einen entspannten Urlaubstag gehabt, denn das Leben mit einem Pedanten kann ohne Frage sehr anstrengend sein. Er hatte an dem Tag zehn Stunden praktisch ohne Pause gearbeitet und das Lustige war, man sah überhaupt keine Fortschritte beim Abbau. Null. In den nächsten Tagen wiederholte sich das Schauspiel. Nach einer Woche war das erste von insgesamt drei Vorzelten abgebaut. In der zweiten Woche stieg seine Frau in die Arbeit mit ein und unterstützte ihn beim peniblen Reinigen. Jeder einzelne

Plastikstuhl wurde einer stundenlangen Reinigung unterzogen. Es hatte schon etwas von einer spirituellen Handlung. Wenn ich mir vorstellte, dass das bestimmt noch einige Tage, wenn nicht Wochen so weiter ging und er vor allem jedes Jahr diese Prozedur wiederholte, war ich sprachlos. Vermutlich war es aber genau das, was ihm Befriedigung verschaffte. Wahnsinn, aber wir haben alle unsere individuellen Macken, wenn auch in unterschiedlichen Ausprägungen.

Im Waschhaus sind alle gleich

Glamping ist ein Kunstwort und setzt sich aus den Begriffen *Glamour* und *Camping* zusammen. Gegensätzlicher könnten zwei Begriffe wohl kaum sein. Hier soll offenbar zusammenwachsen, was nicht zusammengehört. Glamping ist ein Trend, der sich seit einigen Jahren in den USA und Großbritannien entwickelt hat. Ähnlich wie andere vollkommen dämliche Erfindungen wie die Duftkerze mit Vagina-Geruch von Gwyneth Paltrow schwappt auch diese Geschichte so langsam nach Europa. Great Britain zähle ich übrigens nach dem Brexit und überhaupt nicht mehr dazu. Es ist auch nicht bekannt, ob es demnächst eine derartige Kerze von der Queen gibt. Das würde dann vermutlich auch nur auf der Insel ein Kassenschlager. Obwohl, man weiß nicht. Hilfe, wie komme ich aus diesem Gedanken wieder heraus?

Glamping ist auf den ersten und auch zweiten Blick ähnlich sinnfrei wie besagter Licht- und Duftspender. Dennoch erfreut sich diese Art des Urlaubs zunehmender Beliebtheit auf dem alten Kontinent, was das wachsende Angebot erklärt. Eine gewisse Berechtigung sehe ich dann doch für das Glamping, da allen Warmduschern die Illusion gegeben wird in der freien Natur zu sein ohne auf jegliche Form von Komfort und Annehmlichkeit verzichten zu müssen. Alles ist ja schon vor Ort und man setzt sich ins gemachte Nest und hat auch noch sein eigenes Bad.

Ich dagegen mag besonders die kleinen, einfachen und sauberen Plätze ohne Glamour und Chichi. Besonders schön ist es, wenn sie in den Dünen oder an einem See gelegen sind. Weniger wichtig ist mir der Komfort, sondern insbesondere der Zustand der sanitären Einrichtungen. Wenn die Toiletten und Duschen Pflegestufe 3 haben, kann mir die Lust am Urlaub vergehen. Auf anderen Luxus verzichte ich gern und absichtlich, denn den habe ich ja das ganze Jahr zuhause und möchte meine Sinne während des Campingurlaubs hiervon nicht in Beschlag nehmen lassen.

Selbstverständlich ist es so, dass alle Camper es sich in ihrem individuellen Sinn so nett wie möglich in ihrem Zelt, Wohnwagen oder Wohnmobil machen. Die Ausprägungen sind so bunt und unterschiedlich wie die Menschen. Von einfachen Zelten über Wohnwagen bis hin zu LKW-großen Wohnmobilmonstern mit Slide-outs. Die Bandbreite könnte kaum größer sein.

Mit einer gewissen Bewunderung sehe ich die Biker, die alles was sie benötigen auf ihrem

Motorrad, hier sieht man sehr häufig die GS-Modelle von BMW, transportieren. Die seitlich angebrachten Transportkisten haben zwar einen beachtlichen Stauraum, doch verglichen mit den Klamotten, die wir mit unserem kleinen Wohnwagen transportieren, ist es doch eher winzig. Abends stellen sie dann eine Dackelgarage auf und machen sich Dosen-Ravioli warm. Diese kleinen und sehr niedrigen Zelte habe ich aus meiner Bundeswehrzeit im Jahrhundertwinter 84/85 in Norddeutschland in keiner besonders guten Erinnerung. Sie taugten einfach nichts, wie das meiste des Equipments unserer Armee damals wie heute. Das Material der heutigen Trecking-Zelte ist sicher deutlich besser. Dennoch sind diese Unterkünfte sehr spartanisch und machen deutlich, was den coolen Bikern wichtig ist: Freiheit, Fahren, Reisen und weniger das komfortable Logieren.

Bei den Wohnwagen gibt es die denkbar größte Bandbreite von mini bis riesig und uralt bis brandneu. In Italien unterhielten wir uns mit einem gleichgeschlechtlichen Paar mittleren Alters das mit einem alten VW Käfer und einem Wohnanhänger vom Typ *Eriba Puck* auf der Rückreise von Sardinien nach Deutschland einen von mehreren Zwischenstopps eingelegt hatte. Das Tandem, gemeint sind auch Fahrzeug und Wohnwagen, sah sehr stimmig aus und war offenbar auch in den Baujahren nicht weit voneinander entfernt. Die Wohnwagen aus dem Hause Eriba gelten unter Caravanisten als legendär. 1957 verwirklichten Erich Bachem („ERIBA") und Erwin Hymer ihre Ideen und bauten den Ur-Troll als ersten Caravan. Bereits 1960 erweiterten sie die Familie der Touring-Modelle um den Puck. Dieser trägt seinen Namen, weil er nur unwesentlich größer ist als die kleine Scheibe beim Eishockey. Bei einer Aufbaulänge von drei Metern einer Gesamtmasse von gerade mal 600 Kilogramm und angeblicher Eignung für drei Personen bietet er keine Art von irgendwelchem Luxus, dafür aber unendlich viel Charme. Dieser Eindruck wird natürlich noch verstärkt, wenn er stilecht von einem Käfer aus jener Zeit gezogen wird. Großes Kino!

Ein weiteres Beispiel für nette, kleine Wohnwagen begegnete uns in Kühlungsborn an der Ostsee. Ein junges Pärchen, geschätzt knapp über zwanzig Jahre alt, kam mit einem alten Tabbert, der vermutlich ähnlich alt war wie die beiden Besitzer zusammen. Der Mini-Wohnwagen fiel sofort auf durch sein durch fröhliche Punkte an eine Erdbeere erinnerndes Äußeres. Sie berichteten, dass sie den Wohnanhängern aus den 70er Jahren komplett kernsaniert hatten. Äußeres Design und Innenausstattung passten perfekt zusammen und waren sehr liebevoll komplett selbst gestaltet. Wir waren begeistert.

Neben diesen besonderen Exemplaren sieht man in den letzten Jahren vermehrt kompakte Wohnwagen für zwei Personen, zu denen ich auch unser Modell mit einer Aufbaulänge von 3,80 Metern zähle. Hier gibt es sehr stylische, neue Modelle, die alles für die aktiven Outdoorfans bieten. Die kleinen Wagen haben naturgemäß große Vorteile beim Handling und können allein oder zu zweit mühelos auch von Hand rangiert werden. Ich bin häufig fasziniert, wie die Designer es schaffen bei sehr kompakten Außenabmessungen ein ordentliches Raumgefühl im Inneren zu erzeugen.

Die große Masse an Wohnwagen sämtlicher Baujahre stellen aus meiner Sicht die Modelle mittlerer Größe dar, die das Bild der Campingplätze dominieren. Gefühlt mehr als achtzig Prozent dieser Wagen sind vom Design sowohl innen als auch außen für mich wenig ansprechend und eher langweilig. Allerdings hat sich auch hier in den letzten Jahren etwas getan. Einige Hersteller bieten mittlerweile Modelle an, deren Einrichtungen nicht mehr im Stil des Gelsenkirchener Spätbarocks gehalten sind. Pfiffige Ideen, wie z.B. eine Lounge oder eine Möglichkeit, ein Motorrad im Inneren zu befördern und neue frische Designs, werden realisiert. Hier tut sich in den letzten Jahren einiges.

Dann gibt es natürlich, wie sollte es auch anders sein, diejenigen, die meinen einen Palast auf Rädern am besten noch mit Doppelachse hinter sich her ziehen zu müssen. Hier geht es technisch bis auf eine Länge von über zehn Metern und beim Tabbert Cellini sogar um eine Ausführung mit seitlichem Slide-out und preislich je nach Ausstattung auf über 100.000 Euro.

Bei einem Aufenthalt in Italien konnten wir Zeuge einer Jungfernfahrt einer fünfköpfigen Familie mit einem Wohnwagen der Acht-Meter-Klasse werden. In diesem äußerst sympathischen Land ist vieles kleiner und feiner und so sind auch die meisten älteren Stellplätze gar nicht auf die Größe dieser mobilen Villen vorbereitet. Auch die Stromversorgung der Stellplätze rührt aus Zeiten als Muttis Turbofön noch eine Leistungsaufnahme von 250 Watt in der höchsten Stufe hatte. Beim Anschluss der Klimaanlage des mobilen Palazzos würde der komplette Sicherungskasten sicher einmal kurz aufglimmen und eine kleine Rauchwolke abgeben, um dann für immer dunkel zu bleiben.

An einem Nachmittag sah ich eine unendlich lange, schneeweiße Wand an unserem Standplatz vorbeifahren. Es handelte sich um einen nagelneuen Caravan aus dem Hause Bürstner mit Etagenbetten, wie an den kleinen Bullaugen im Heck erkennbar war. Der Wagen war weißer als weiß und strahlte in der mediterranen Sonne. Der Fahrer, und das konnte ich durchaus nachvollziehen, war etwas unsicher beim Rangieren und so standen innerhalb kürzester Zeit vier bis fünf Männer aus der Umgebung bereit, um den Wagen in die kleine italienische Parklücke zu schieben. Der Nobelwohnwagen war offenbar mit jedem Furz und Feuerstein ausgestattet. An einem Mover hatte der Neucamper, es handelte sich um Schwaben daher wäre der Begriff Motörle angebrachter, allerdings gespart. Hola, das Schieben ging ganz schön in Arme und Beine. Von Anfang an hatte ich eine gewisse Bewunderung für den Mann, der mit Sicherheit mehr als fünfzig Lenze zählte und drei kleine Kinder, die praktisch pausenlos ihre aktuellen Ansprüche artikulierten, mit seiner Frau mitgebracht hatte. Was auch passierte, er behielt seine fast schon stoische Ruhe. Die Familie war ungefähr fünf Tage an diesem Platz und hatte ihre Premierenfahrt danach fortgesetzt. Ohne jegliche Campingerfahrung hatten sie sich in das Abenteuer gestürzt und kamen wohl einigermaßen gut damit zurecht. Respekt! Ich habe den armen Mann in der ganzen Zeit immer nur gesehen, wie er Schlauchboote und Gummitiere aufblies, wobei jedes Kind ungefähr siebzehn aufgeblasene Typen besaß, von denen zumindest ein Teil die Familie auch bei der Fahrt mit dem Auto zum Einkaufen begleitete. Wenn er mal keine Gummiartikel unter Druck setzte, baute er Wäschespinnen und riesige Pavillons auf. Der Weg ist manchmal das Ziel. Vielleicht konnte ihn die permanente Beschäftigung, es gab praktisch keinen Moment der Ruhe, von seinem Alltagsstress ablenken und so für Entspannung sorgen.

Bei den Wohnmobilen verhält es sich in Bezug auf die Bandbreite dessen, was man auf den Plätzen zu sehen bekommt ähnlich wie bei den Wohnwagen. Die Vielfalt ist überwältigend. Alles kann, nichts muss. Sehr cool finde ich die vorwiegend jungen oder junggebliebenen Menschen, die mit einem VW Bulli anreisen. Hier sind natürlich besonders die Modelle T2 und T3 und ganz selten zu sehen auch der T1 meine absoluten Highlights. In aller Regel sind diese Camper herrlich entspannt und sehr genügsam. Allerdings gibt es auch hier Ausnahmen. Wir konnten auf dem Weg zum Waschhaus auf einem Campingplatz ein junges Paar mit einem VW T6 beobachten, die eine große, nein riesige Outdoorküche aufgebaut hatten. Neben der Küche erschien der Bulli richtig klein. Sie hatten auch bestimmt Bücher von Marie Kondo, die interessanterweise zwei Stellplätze weiter wohnte, gelesen und hatten alle und ich meine wirklich alle Utensilien die man in einer Großküche benötigt fein säuberlich in Plastikboxen verstaut.

Allein der Abbau der Küche vor der Abreise hatte drei volle Arbeitstage in Anspruch genommen.

Auffallend ist, dass besonders viele ältere Paare mit großen Wohnmobilen reisen. Das könnte sicher auch mit den teilweise astronomischen Preisen zu tun haben, die sich junge Familien meist nicht leisten können. Bereits kurz nachdem Strom und Wasser angeschlossen sind, klappt sich auf dem Dach eine riesige Satellitenschüssel auf und richtet sich automatisch aus und schon läuft die Flimmerkiste. Bei der Größe der Wohnmobile und ihrer Empfangsschüsseln hat man fast den Eindruck, es handelte sich um einen Übertragungswagen des Fernsehens. So ist Vatti samstags mit der Sportschau versorgt während Mutti in der Küche die Frikos brät und überhaupt unterstützt die Glotze den bereits vor Jahren geschlossenen bilateralen Nichtangriffspakt des Paares.

So, jetzt aber genug gelästert. Ich mag sie alle, denn eines haben bei aller individueller Unterschiedlichkeit alle gemeinsam: Im Waschhaus mit Kulturbeutel und Handtuch in der Hand sind alle gleich. Das ist Camping und das ist gut so. Bitte nicht ändern!

Im Waschhaus sind alle gleich.

Eltern im Helikopter

Camping ist ein idealer Urlaub für Familien mit Kindern. Meine Eltern waren leider keine Camper. Wir hatten eine Wohnung in einem Mehrfamilienhaus und mein Mathe- und Physiklehrer war einer unserer Nachbarn. Ich hatte damals von diesem Umstand nur meinem absolut engsten Freundeskreis berichtet. Das war mir schon peinlich, warum auch immer. Er war einer dieser sehr gutmütigen und etwas zerstreuten Lehrer und hatte von uns aufgrund einer gewissen Tollpatschigkeit den Spitznamen „Zappel" bekommen. Wir mochten ihn alle sehr und der Unterricht hatte auch einen gewissen Unterhaltungswert. So hatte die Erklärung und Vorführung der schiefen Ebene zur Zerstörung eines sicher nicht billigen Prismas geführt. Man könnte meinen, Otto Waalkes hätte mit der Erklärung der Schräge mit Rutschfaktor SSST und Aufprallfaktor BUMS bei ihm abgeschaut. Die Familie meines Lehrers packte immer zu Beginn der langen Sommerferien einen kleinen Wohnwagen. Ich weiß es nicht, aber bestimmt waren sie mit ihren beiden Kindern auch in der Toskana und trugen wie alle Lehrkörper die Klassiker: Birkenstöcker und Socken. Meine Eltern machten sich über das tagelange Packen des Caravans etwas lustig und hatten überhaupt kein Verständnis für diese Art von Urlaub. Schade, denn ich glaube das wäre etwas für uns gewesen. So hatten wir andere schöne Urlaube. Alles gut.

Für Familien erscheint mir der Urlaub auf einem Campingplatz ideal zu sein. Eltern und insbesondere ihre Kinder finden sofort Anschluss. Man ist immer draußen und viel präsenter als in einem Hotel. Für Kinder ist Camping das pure Abenteuer. Aber Vorsicht, das hat auch eine Kehrseite.

Seien wir mal ganz ehrlich. Ich glaube jeder von uns, der Kinder hat, steigt schon mal gern in den Hubschrauber und umkreist das Kind um sicherzustellen, dass alles in Ordnung ist und es ihm an nichts fehlt. Ich bin mir sicher, dass elterliche Fürsorge von der Natur vorgesehen ist, denn sie sichert den Fortbestand der Art. Auch ich hatte seit der Geburt meines Sohnes das starke Bedürfnis, ihn zu beschützen. Im Laufe der Jahre habe ich erst gelernt, dass es meine Aufgabe ist, ihn auf das Leben vorzubereiten und ihn aus eigenen Fehlern lernen zu lassen. Ich gebe zu, dass mir das bisweilen heute nach mehr als zwanzig Jahren in manchen Situationen noch schwerfällt, aber ich arbeite daran. Mir ist bewusst, dass ich nicht alle Unglücke von ihm fernhalten werde aber ich kann ihn bestmöglich darauf vorbereiten, mit Herausforderungen des Lebens umzugehen. Ich will immer für ihn da sein, wenn er mich braucht und er kann sich meiner Unterstützung ganz sicher sein, doch ich muss ihm die Entscheidung überlassen, diese anzunehmen, mich als Sparringspartner zu nutzen oder eben auch gar nicht einzubinden. Wie gesagt, diese Erkenntnisse habe ich für mich auch erst im Laufe der vielen Jahre gesammelt und lerne täglich noch dazu.

Ich frage mich, was die Ursache für diese offenkundig starke Zunahme der Überwachung und des Schutzbedürfnisses ist. Es wäre sicher sehr provokant und in der Absolutheit auch falsch zu behaupten, dass Helikoptereltern nur eine Form des Egoismus ausleben und das, was sie vermeintlich vollkommen uneigennützig für die Kinder tun, vorrangig für sich selbst machen. Das ist sehr verallgemeinernd und bestimmt total überspitzt, aber fragen sie sich mal ganz ehrlich wie sie es für sich beurteilen.

Zwei Beispiele, an denen mir der Trend zum vermehrten Hubschrauberfliegen aufgefallen ist, möchte ich kurz beschreiben:

Eingewöhnung Kita

Ich kann mich noch sehr gut an den ersten Tag, den mein Sohn in der Kita verbrachte, erinnern. Ich hatte schon direkt beim Aufstehen ein mulmiges Gefühl und das besserte sich auch erst mal nicht. Die für seine Gruppe zuständige Erzieherin empfing meinen Sohn sehr freundlich und wirkte dabei absolut authentisch. Die Frau war um die fünfzig Jahre alt und strahlte Ruhe und Erfahrung aus. Uns, den Eltern, schenkte sie kaum Beachtung. Mich irritierte das am Anfang etwas. Im Nachhinein weiß ich es als sehr weise einzuordnen. Zu uns sagte sie nur: „Ich wünsche Ihnen einen entspannten Tag. Sollte etwas sein, rufe ich an, aber gehen sie davon aus, dass das nicht passiert." Uns so war's auch. Damit waren wir nach gefühlt weniger als einer Viertelstunde wieder draußen. Ich habe mich in diesem Moment wirklich nicht gut gefühlt, aber für meinen Sohn war es das Beste.

Heute planen viele Eltern eine längere Eingewöhnungsphase für die Kita und nehmen nicht selten hierfür ihren Jahresurlaub. Natürlich ist das eine Entscheidung eines jeden Einzelnen und viele Kitas unterstützen diese Vorgehensweise auch. Dennoch frage ich mich, ob die Eingewöhnungzeit mehr den Eltern als den Kindern nutzen soll. Wenn die Erzeuger es für sich machen, wäre es ja auch ok, wir sollten es dann nur auch ehrlich so benennen. Das Loslassen des Kindes ist mir damals auch enorm schwergefallen. Ich denke nur, man sollte aufpassen das man seine elterliche Unsicherheit nicht auf das Kind überträgt. Das hilft dann keinem mehr.

Elterntaxi

„Jo, is klar" denken sie jetzt. Ja, ist es auch. Entspannen Sie sich! Auch ich hätte meinen Sohn, der in meinen Augen so etwas wie ein gottähnliches Geschöpf war, gerne jeden Morgen mit einer Sänfte in die Schule getragen. Ich hätte für meinen Sohn lieber die AC/DC – Variante ausgesucht als die von den Vätern der Mädchen gewählte Prinzessin-Tausendschön-Sänfte. Die Fragen brauchte ich mir damals alle nicht zu stellen, da wir fußläufig fünf Minuten von der Schule entfernt wohnten und mein Sohn das Glück hatte, jeden Morgen mit einem Klassenkameraden, der zwei Häuser weiter wohnte, dort hinlaufen zu können. Was sich aber damals - ich habe beobachtet, dass es im Laufe der Jahre eher schlimmer geworden ist - schon vor der Schule abspielte, war atemberaubend. Viele Eltern brachten ihre Kinder jeden Morgen mit dem Auto zur Schule. Sie nahmen gar nicht wahr, dass sie selbst es waren, die wegen unzureichender Haltemöglichkeiten direkt vor dem Schuleingang und bedingt durch die Vielzahl der Autos das größte Risiko für den Schulweg der meisten Kinder darstellten. Lehrer berichteten, dass einige Eltern ihre Fahrzeuge in Halteverboten abstellten, um sich durch Büsche und Sträucher vor die Scheibe des Klassenzimmers zu schlagen. Dort wurde der frisch eingeschulte Thronfolger oder die Thronfolgerin von Papa oder Mama in den ersten Unterrichtsstunden beobachtet, die sich durch regelmäßige Klopfzeichen am Fenster bei ihrem Nachwuchs immer wieder in Erinnerung brachten. Ja, geht's noch?

Was hat das jetzt alles mit Camping zu tun?

Machen sie Abenteuer-Campingurlaub mit ihren Kindern und lassen sie den Hubschrauber so oft wie es geht im Hangar stehen!

Duroplaste aus Dresden

Wir verbrachten einen wunderschönen Urlaub in Südtirol und wenn man fast drei Wochen auf ein und demselben Campingplatz verbringt, sieht man einige Nachbarn kommen und gehen. Als ich eines Morgens mit einem Pott Kaffee in der Hand die Wohnwagentür öffnete, sah ich, dass offenbar noch in der zurückliegenden Nacht neue Stellplatznachbarn angereist waren. Selbst das Vorzelt hatten sie schon aufgebaut.

Ein Dresdner Kennzeichen und ein großer Bautzen-Aufkleber machten die Herkunft der Nachbarn deutlich. Sie waren mit einem Opel Meriva angereist, der einen alten DDR-Anhänger bis nach Italien gezogen hatte. Es handelte sich um einen Wohnwagen aus bester Plaste und Elaste vom Typ QEK Junior. Der vom Volkseigenen Betrieb VEB Qualitäts- und Edelstahlkombinate (daher die Abkürzung „QEK") in den 1970er Jahren hergestellte Wohnwagen war mit seinem sehr kompakten Grundriss und vor allem seinen nur zwei Metern Höhe ein echtes Leichtgewicht. Von Qualität und Edelstahl war allerdings nicht viel zu sehen. Mit einem zulässigen Gesamtgewicht von gerade einmal 400 Kilogramm war er in der DDR für eine vierköpfige Familie konzipiert worden. Parallel zur

Entwicklung in Westdeutschland hatte sich nach dem Krieg auch in der DDR Camping-Urlaub rasant entwickelt. Bereits in den 1960er-Jahren gab es in Ostdeutschland mehr als 500 Campingplätze.

In Südtirol stand der kleine DDR-Wohnwagen neben einem modernen Wohnmobil und wirkte wie die Hundehütte des zugehörigen Familien-Retrievers. Der QEK Junior hatte ein passendes Vorzelt, was den überdachten Lebensraum von gefühlt und hoch geschätzt vier auf acht Quadratmeter verdoppelte. Die Besitzer des Wohnwagens waren alles andere als junior und hatten bestimmt die DDR nach dem Krieg mit aufgebaut und den größten Teil der Zeit nach der Wende schon als Rentner erlebt. Es waren sehr sympathische und aufgeschlossene ältere Leute. Sie konnten im niedrigen Wagen problemlos aufrecht stehen. Das breite Sächsisch war am Anfang in der Kommunikation etwas gewöhnungsbedürftig aber nach und nach hörten wir uns immer besser rein. Der DDR-Opa war schon etwas gebrechlich. Ich war mir ganz ehrlich nicht sicher, ob er ohne fremde Hilfe den fünfzig Meter langen Weg zum Waschhaus schaffen würde. Seine Hauptbeschäftigung bestand offenbar darin, im Vorzelt Kette zu rauchen und Kaffee zu trinken, während seine Frau sich überwiegend im Inneren des Anwesens aufhielt. Ich fragte mich und ihn in wieviel Etappen sie den

Weg nach Südtirol geschafft hatten. Die Antwort war für mich sehr verblüffend: „No jo, wir sind in einem durchgefahren und hatten aber leider etwas Stau sonst wären wir gestern schon nachmittags angekommen." Ah ja. Diese Antwort sollte den Beginn einer Reihe von für mich bis heute noch unglaublichen Erzählungen der beiden rüstigen Rentner darstellen.

Wir hatten an diesem Tag eine Wanderung geplant. Nachdem wir ausgiebig gefrühstückt hatten mit Vinchgauer Brötchen mit intensivem Kümmelgeschmack und frisch aufgeschnittenem Tiroler Speck aus dem kleinen Campingplatzladen schnürten wir unsere Wanderschuhe und gingen schnurstracks auf die Route, die direkt am Platz begann. Es war bereits morgens angenehm warm und wir kamen bei der ersten Steigung direkt ins Schwitzen. Ich bin zwar gebürtiger Sauerländer, habe aber in den letzten 25 Jahren im Ruhrgebiet und am Niederrhein gewohnt, wo bereits fünfzig Meter hohe Hügelchen als Berge bezeichnet werden. Im Alltag war daher das Bergaufgehen eher selten und ich brauchte ein paar Tage mich an die Bergumgebung zu gewöhnen. Die erste Pause legten wir nach ungefähr zwei Stunden an einem Wasserfall ein. Dieser lag bereits hoch über dem Kalterer Tal mitten in einem Wald. Das eiskalte Wasser schoss aus ungefähr zehn Metern Höhe den Felsen herunter. Wir zogen die Stiefel und Socken aus und kühlten unsere Füße im

glasklaren Wasser. Einfach herrlich! Nach ein
paar Fotos ging es weiter die Rastenbachklamm
hinauf. Die Tour war als Familienroute
gekennzeichnet und so war es auch. Familien mit
kleinen Kindern und Hund trafen wir unterwegs.
Ich hätte das spontan nicht empfohlen, aber wer
bin ich? Mein Maßstab ist sicher nicht
repräsentativ. Langsam wurde es wärmer und der
Weg immer steiler. Ina und ich sind wahrlich
keine Helden, wenn es darum geht sich in
größeren Höhen aufzuhalten. Man könnte auch
sagen, wir haben beide eine gewisse Höhenangst.
Ich stellte mir die Frage, warum wir dennoch sehr
gerne in die Berge fahren und das Wandern als
Leidenschaft für uns entdeckt haben. Unsere
Ängste sind etwas unterschiedlich. Während Ina
insbesondere die Sorge hat von vergleichsweise
schlecht bis gar nicht gesicherten Wegen
abzurutschen, macht mir das nicht so viel aus,
solange ich halbwegs festen Boden unter den
Füßen habe. Schwierig wird es bei mir, wenn es
etwas luftiger wird. Es war ja klar. Genau so
etwas kam als nächstes Highlight auf unserer
Route. Ich weiß nicht, wer sich das ausdenkt.
Eine Lichtgittertreppe, immerhin war es kein
Klettersteig, an einer nackten Felswand mit freiem
Blick ins Tal ließen meinen Puls schon beim
ersten Anblick etwas höherschlagen. Es war
nichts zu machen. Wollten wir auf den Berg, gab
es keine Alternative. Verdammte irrationale

Ängste! Gedanken wie „Warum bleibt man nicht einfach mit einem Buch in der Hand auf der Liege am Wohnwagen?" oder „Warum zur Hölle bauen die keine gescheiten Wege?" oder „Wie hoch sind eigentlich die italienischen Sicherheitsstandards und welche Prüfungen der Stahlkonstruktionen wurden gemacht?" schossen mir durch den Kopf. Es half nichts, Ina ging vor und ich versuchte meinen Blick konsequent auf der in der Sonne leuchtenden Felswand zu halten und mir keine Gedanken über wiederkehrende Prüfungen der Befestigung der aus meiner Sicht abenteuerlichen Konstruktion in der Felswand zu machen. Meine Hände waren schweißnass. Ich war vollkommen fokussiert und schaute nach oben. Noch eine letzte Kehre und es war geschafft. Oben angekommen standen wir auf einem kleinen Aussichtspodest und genossen vollkommen zufrieden und voll von Glückshormonen den freien Blick in das weitläufige Tal. Herrlich, wenn nicht zwei Jugendliche Fotos gemacht hätten, bei denen sie auf das ohnehin nicht besonders hohe Geländer kletterten. Ich habe schon häufig festgestellt, dass diese Erinnerungsfotos und vorzugsweise Selfies am besten besonders spektakulär und maximal gestellt sein müssen um alle Daheimgebliebenen zu beeindrucken. Ich konnte das nicht lange ansehen und wir setzten unsere Wanderung fort. Weiter ging es den Berg hinauf. Nachdem wir irgendwie die eine oder andere Abzweigung verpasst hatten und dadurch ein paar Extrameilen gelaufen waren, fragten wir einen anderen Wanderer nach dem Weg. Der ältere Herr sagte nur dass wir an der nächsten Abzweigung zum Parkplatz kommen würden. Wie Parkplatz? Es gibt dann zwischendurch doch schwache Momente in denen man denkt, dass eine bequeme Fahrt mit dem Auto auf den Berg doch auch eine verlockende Alternative gewesen wäre. Allerdings hätte ich dann auf meinen Hormoncocktail an der Felswand und den grandiosen, freien Blick auf das Tal verzichten müssen. Wir gingen weiter und kamen schließlich an eine Stelle, an der wir uns entscheiden mussten, einen weiteren Rundweg anzuschließen oder den Abstieg ins Tal zu starten. Wir entschieden uns für Variante B und waren nach sechs Stunden strammen Wanderns irgendwann am Nachmittag wieder auf dem Campingplatz. Kaum am Wohnwagen angekommen, sah uns der Dresden-Opa und sprach uns mit einer Zigarette in der Hand an und fragte welche Wanderung wir gemacht hatten. Voller Stolz und mit einem immer noch beachtlichen Endorphin-Spiegel wegen der Überwindung der Lichtgittertreppe am Felsen berichtete ich von unserer Tour. Sie werden es nicht glauben und ich tat es auch nicht wirklich. Er sagte nur: „Oh ja, das ist eine sehr schöne Wanderroute. Ich habe sie letztes Jahr auch gemacht. Ich bin allerdings noch etwas (10

Kilometer) weitergelaufen." Erst dachte ich: „Der will mich doch verarschen. Das gibt's doch gar nicht." Er schaffte allein kaum den Weg zum Waschhaus und erzählte hier große Bergsteigergeschichten. Tatsächlich aber war seine Erzählung für mich, obwohl sich innerlich alles in mir dagegen sträubte, dennoch sehr authentisch und glaubwürdig.

Ähnliche Erlebnisse wiederholten sich in den nächsten Tagen. Gelegentlich kam auch seine Frau dazu und berichtete von ihren Wanderungen. An den Drei Zinnen waren sie natürlich auch gewesen und hatten diese selbstverständlich komplett umrundet, wenngleich er nicht behauptet hatte, als Freeclimber wie einer der Huberbuam oben gewesen zu sein. Spätestens da wäre ich gedanklich dann doch ausgestiegen. Früher sagte man: „Trau keinem über hundert." Er sah aus wie hundert, hatte aber offensichtlich die Kraft der zwei Herzen.

Dresden war rein optisch mit seiner kleinen gebeugten Statur so ziemlich das Gegenteil vom in Südtirol allgegenwärtigen Reinhold Messner, aber irgendwie spielte er bergsteigerisch in seiner Liga. Selbst wenn nur die Hälfte von dem was er erzählte, stimmte, was es sehr beeindruckend. Seine Reaktionen wurden für den Rest unseres Urlaubs bei Ina und mir so etwas wie der

Running Gag. Immer wenn es auf unseren Wandertouren besonders anstrengend wurde, sagten wir, dass der Ossi-Messner bestimmt schon da gewesen war.

Selbst an unserem Abreisetag ließ er es sich nicht nehmen, beim Rangieren unseres Wohnwagens mit Hand an zu legen. Natürlich hatte er dabei eine Kippe in der Hand. Er ist bestimmt nach Dresden in einem Rutsch durchgefahren und hat am gleichen Tag noch den Rasen gemäht, die Hecke geschnitten und die Terrasse gekärchert. Wir waren froh als wir auf der Hälfte der Strecke nach Hause einen Zwischenstopp bei meinem ehemaligen Kommilitonen in der Nähe von Stuttgart machen konnten. Ihn hatte es nach dem Studium ins Ländle verschlagen und er schaffte jetzt beim Daimler, wie man hier zu sagen pflegt. Nach einem netten Grillabend und Übernachtung in unserem Haus am Haken in der Garageneinfahrt setzten wir am nächsten Tag die Tour nach Hause fort. Den Rasen hatte ich an diesem Tag nicht mehr gemäht.

„Elektrische Rentner"

Vespas in Florenz

Das Ziel unserer allerersten Wohnwagentour war die Toskana. Wir hatten für den Urlaub bei einem Verleiher im Münsterland einen Wagen vom Typ Fendt Saphir 465 gemietet. Für Anfänger wie uns war das ein durchaus üppiges Gerät, ausgestattet mit allem Schnipp und Schnapp. Er war der kleinste in diesem Zeitraum verfügbare Wagen gewesen. Zusammen mit den geliehenen Campingmöbeln, Spiegelverlängerungen, Servicepauschale kamen wir insgesamt für zwei Wochen auf einen durchaus stattlichen Preis. Camping ist kein Billigurlaub, wenn man alles leihen muss. Dennoch empfiehlt sich zum Ausprobieren das Mieten eines Wohnanhängers oder Wohnmobils.

Nach einer Zwischenübernachtung am Bodensee ging es am zweiten Tag weiter Richtung Süden. Unser erstes Ziel in der Toskana war der Campingplatz Village Panoramico in Fiesole in der Nähe von Florenz. Ich hatte diesen Tipp von einem ehemaligen Arbeitskollegen (danke Hubert) erhalten und gebe ihn auf diese Weise gerne weiter. Direkt mit der Anmeldung wurde uns mitgeteilt, dass das Navi besser ausgeschaltet würde und man den Campingplatz, der auf einem Berg in direkter Nähe der Toskana-Metropole gelegen ist, nur über die beschriebene Route sicher erreichen kann.

Für mich sind Navis eine der besten Erfindungen der letzten Jahre. Sie eliminieren eine erhebliche Konfliktquelle bei vielen Paaren. Diese Auseinandersetzungen endeten vor der Erfindung des elektronischen Wegweisers häufig mit Killersätzen wie „Halt doch die Karte mal richtig herum" oder „warum hörst du mir nie zu, wenn ich etwas sage". Mein Lieblingssatz war übrigens: „Da hinten hättest du abbiegen müssen." Vielleicht erinnern sich einige von Ihnen noch daran. Ich war absoluter Fan von Navis und machte mir keine Gedanken darüber, dass man bei ständiger Nutzung das Denken verlernt oder dass der Sinn für Orientierung verkümmert. Ich hatte es bereits mehrfach erwähnt, dass dieser bei Ina und mir ohnehin nicht besonders stark ausgeprägt war. Ich hatte zu dieser Zeit einen 5er BMW mit einem sehr teuren aber guten Navi. Als Prädikatsmerkmal kann ich noch anführen, dass dieses satellitengestützte Orientierungsgerät auch bei Langfingern sehr beliebt war. Innerhalb eines Zeitraums von nur acht Monaten wurde mein direkt vor einem Mehrfamilienhaus geparkter Wagen sage und schreibe vier Mal aufgebrochen, um das Navigationsgerät zu entwenden. Die Methode des Einbruchs war immer dieselbe. Ein Dreiecksfenster hinten wurde eingeschlagen, die Mittelkonsole gelöst und Kabel am Navi bündig abgekniffen. Der Wagen war nicht mehr fahrtauglich, der Innenraum voller feinster Glassplitter und er wurde in eine Werkstatt abgeschleppt. Dort wurde dann sehr aufwendig das Navi und die Verkabelung erneuert. Das schlimmste aber war, dass man anschließend nie mehr ein richtig gutes Gefühl im Wagen hatte, da irgendein Arschloch hier sein Unwesen getrieben hatte. Ich vergleiche es mit einem Wohnungseinbruch, den ich leider auch schon erleben musste. Das Gefühl von Sicherheit und Geborgenheit stellt sich hiernach meist nicht mehr vollkommen ein. Die Dinslakener Polizei tat jedes Mal nichts weiter als mit stoischer Gelassenheit und bemerkenswerter Routine einen Verwaltungsvorgang zu eröffnen, dessen Ergebnis vorher schon feststand: Das Verfahren wurde nach einer bestimmten Wartezeit eingestellt. Es war für mich schon etwas erstaunlich zu sehen, wie stark die Resignation und Demotivation war, diese Verbrechen zu verhindern oder aufzuklären. Es machte den Eindruck als hätten sie sich ergeben. Auf meine Frage nach dem zweiten oder dritten Einbruch in meinen Wagen, ob ich vielleicht an der gegenüber liegenden Hauswand eine Überwachungskamera anbringen sollte, was ggf. in die Aufklärung des nächsten Einbruchs einzahlen könnte, sagte der Polizist mit absoluter Selbstverständlichkeit: „Das bringt uns wenig, da wir die Leute ja nicht kennen." Diese mit absoluter Selbstverständlichkeit vorgetragene Äußerung gehört für mich in die Top 10 der „Sätze für die Ewigkeit". Wie recht er doch hatte. Da hätte ich auch wirklich selbst draufkommen können. „Ja klar." dachte ich nur. „Schlaft schön weiter. Tut mir leid, dass ich euch viermal stören musste."

Ich war mir sicher, dass unser im In- und Ausland hochbegehrtes Navi mit aktuellster Software, der letzte Einbruchdiebstahl war schließlich erst ein paar Wochen vor Urlaubsbeginn abgewickelt worden, uns sicher zum Campingplatz bringen würde und ignorierte die von der Campingplatzrezeption erhaltene Anfahrtsbeschreibung und den dick unterstrichenen Hinweis „Schalte Navi aus". Das erwies sich schnell als nicht ganz so schlau. Es war am späten Nachmittag, als mein Navi uns, ohne dass es ahnte, dass wir ein Haus am Haken hatten, mitten durch Florenz lotste. Italienische Mentalität und vor allem Impulsivität und Temperament zeigen sich am besten im Straßenverkehr. Rote Ampeln sind ebenso unverbindliche Empfehlungen wie Stopp-Schilder. Zebrastreifen sind nichts mehr als lustige Markierungen auf der Straße. Hupen ist ein Zeichen guter Kommunikation. Ich liebe die Italiener und auch ihre Mentalität. Im Straßenverkehr sehe ich schon die ein oder andere Problematik bei der permanenten

Übertretung von Grenzen. Ansonsten ist's aber toll.

Rushhour in Florenz ist eine Herausforderung auch für einen erfahrenen deutschen Autofahrer. Wenn man allerdings mit einem Wohnwagen im Schlepptau mitten durch die Innenstadt fährt, ist das schon eine besondere Challenge. Als todesmutig habe ich die zahlreichen Rollerfahrer in Erinnerung, die teilweise den Überholvorgang unseres Gespanns unterbrachen, um in den kleinen Zwischenraum der Deichsel einzuscheren. Ich traute meinen Augen kaum und versuchte besonders in diesen kritischen Situationen keine abrupten Bremsvorgänge zu starten. Teilweise wurde unser Gespann von Vespas so stark umschwärmt, dass man das Gefühl hatte mitten durch einen Bienenstock zu fahren. Überall summte und knatterte es. Das Navi suchte weiter die schnellste aber leider nicht geeignetste Route. Wir ließen das Zentrum hinter uns, bogen ein paar Mal links und rechts ab und plötzlich wurden die Straßen immer enger. Im Display konnten wir lesen, dass es noch 3,5 Kilometer bis zum Ziel waren. Wir freuten uns noch. Die Straße wurde immer enger und steiler. Noch 2,5 Kilometer. Unser Bestimmungsort war zum Greifen nah. Ich sah eine kleine Tankstelle am Straßenrand und dachte mir, ich frag mal nach, nur um bestätigt zu bekommen, dass der Weg der richtige war. Manchmal hat man ja so eine

Eingebung. Ich glaube, ich war nicht der erste, der, bevor der Weg sich in Serpentinen den Berg hinaufschlängelte, nochmal beim freundlichen Tankwart anklopfte. Er jedenfalls war gut gelaunt und mit einem Blick auf unser Gespann sagte er nur in diesem herrlich italienisch akzentuierten Englisch: „No way!" In einer Mischung aus Italienisch, Englisch und Gebärdensprache gab er mir dann zu verstehen, dass es selbst mit dem PKW alleine unmöglich wäre um die steilen Kurven zu fahren. Was für ein Glück! Wenn ich ihn nicht gefragt hätte, würde ich vermutlich heute noch in einer engen Kurve vor- und zurücksetzen. Man hätte den Wohnwagen im schlimmsten Fall abkuppeln müssen und dann... Keine nette Vorstellung auf einer schmalen und sehr steilen Bergstraße.

So mussten wir wieder zurück ins Zentrum und die Auffahrt zum Campingplatz auf der anderen Seite des Bergs suchen. Das war auch steil und eng, ging aber. War ja kein Problem. An den Verkehr hatten wir uns gewöhnt. Es war schon Abend als wir schließlich unseren Wohnwagen aufgebaut und den Feierabendwein geöffnet hatten. Der atemberaubende Blick von diesem fantastisch gelegenen Campingplatz auf Florenz entschädigte für alles. Der Blick auf die Stadt der Medici war einfach nur bombastisch.

Der kleine Pool des Campingplatzes durfte nur mit Badekappen betreten werden, die im Minisupermarkt erworben wurden. Wir hatten einen Riesenspaß und fühlten uns in Kindheitstage zurückversetzt. Nur einer brauchte keine Badekappe. Er hatte permanent die hautfarbene Variante auf.

Über die Toskana und insbesondere Florenz könnte man sicher ein eigenes Buch schreiben, wenn es nicht schon so viel Literatur gäbe. Ich spare mir das deshalb an dieser Stelle, bis auf einen Tipp. Wenn Sie Wein mögen, schauen Sie doch mal bei Zanobini in der Via Sant'Antonino in der Nähe der Markthalle vorbei. Hier kann man exzellenten Wein kaufen, Typen beobachten und vor allem an einer kleinen Theke im Laden zu fairen Preisen direkt verkosten.

Kühl, kühler, Kühlungsborn

Vor einigen Wochen habe ich mit dem Motorrad eine kleine Tour durch Duisburg gemacht. Mannomann! Die Malocherstadt an Ruhr und Rhein hat mächtige Probleme und leider nicht ganz zu Unrecht ein schlechtes Image. Die strukturellen Herausforderungen und die teilweise stark heruntergekommene Infrastruktur sind nicht zu übersehen. Es wird offenbar wenig versucht, dies zu kaschieren. In Marxloh lässt sich mit Fantasie noch erahnen, dass hier mal ein schöner Ort war. Ich frage mich, ob nicht mit wenig Aufwand, wie etwas frischer Fassadenfarbe, viel an Verbesserung zu erreichen wäre. Andere Stadtteile wie Hamborn oder Hochfeld sind seit jeher von Schwerindustrie, Stahl, Kohle und Schweiß geprägt. Ehrlich, aber nicht schön. Zuhause in Dinslaken angekommen, fiel mir Schimanski ein. Der unvergessene Götz George hatte in den 80er Jahren mit dem Ruhrpottkommissar Schimi eine Kultfigur geschaffen und Duisburg mit seinen dunklen Ecken und Industriekulissen bundesweit bekannt gemacht. „Fang mir jetzt bloß nicht an zu weinen..." dröhnte es aus den Boxen. Ich machte mir in leicht sentimentaler Stimmung die Titelmelodie des Schimanski-Kinofilms aus 1985 „Zahn um Zahn" von Klaus Lage an. Die Musik drehte ich ganz laut. Klaus geht nur mit voller Dröhnung. Ich mag den von Martin Engelin gespielten Bass und dazu die Stimme des deutschen Joe Cocker. Es musste Jahre her sein, dass ich Klaus Lage gehört hatte. Seine Musik ist ehrlich, geradlinig und handgemacht. Nichts könnte besser zu Duisburg und den alten Tatorten passen.

Die ganze Geschichte fiel mir bei der Buchung des Campingplatzes Kühlungsborn an der Ostsee in Meck-Pomm ein. Nach einer vollen Stunde in der Telefonwarteschleife – wer hat eigentlich festgelegt, dass die Musik immer so dämlich sein muss? - war ich kurz davor zu sagen, dass wir aus dem Ruhrpott anreisen um unseren über Jahrzehnte gezahlten Soli abzuwohnen und um uns mal anzusehen, wie sie im Osten auch die letzten Bürgersteige mit Marmor ausgelegt haben. Ich tat es natürlich nicht, weil der erste Kontakt zum Campingplatz sehr nett war. Die Freude darüber, einen der letzten beiden Stellplätze zu Beginn der Sommerferien in Nordrheinwestfalen bekommen zu haben und das zu Corona-Zeiten, in denen viele die deutschen Küsten wiederentdeckten, war groß. Ich finde es unglaublich ungerecht, dass bedürftige Städte wie Duisburg helfen mussten, den Osten aufzubauen.

Gerechter wäre es, wenn als Kriterium nicht die Lage im Osten oder Westen, sondern die tatsächliche Not der jeweiligen Region ausschlaggebend wäre. Duisburg würde dann bei den Empfängerstädten sicher weit oben auf der Liste stehen. Ich bin schon aus Umweltgründen kein Freund der schwarzen Kohle, aber das Grubengold hat Deutschland nach dem Krieg wieder hochgeholt. Im ehemaligen Agrarstaat und heutigem Hightech-Standort Bayern haben sie das auch vergessen. Wir dürfen Städte wie Duisburg jetzt nicht im Stich lassen!

Eigentlich hatten wir zum Gardasee fahren wollen, aber die Vorstellung in der Viruskrise im Ausland zu sein, machte uns kein gutes Gefühl. Im Urlaub wollten wir uns entspannen und daher entschieden wir uns für einen Urlaub an der Ostsee. Italien wollen wir aber definitiv in der Zukunft auch wieder ansteuern.

Vorfreude ist bekanntlich die schönste Freude. In drei Wochen sollte es schon losgehen. Nach der erfolgreichen Buchung gingen wir unmittelbar raus zu unserem Wohnwagen, der den Winter in der Garageneinfahrt verbracht hatte. Beim Öffnen der Tür bemerkte ich einen ungewohnten Widerstand und im nächsten Moment sah ich, dass sich die äußere Gummidichtung der Tür gelöst hatte und beim Öffnen halb herausgerissen war. Das ist toll bei einem alten Wagen. Man hat immer etwas zu basteln und zu schrauben. Er ist eigentlich nie fertig und es wird daher zu keiner Zeit langweilig. Der Wagen roch innen angenehm nach Urlaub. Reste von Sonnenölduft lagen in der Luft. Spontan stieg ein Urlaubsgefühl in mir auf. Ich sah uns schon in der gemütlichen Koje liegen. Herrlich!

Der Tag der Abfahrt zu Beginn der Schulferien rückte näher. Da wir morgens sehr früh starten wollten, in der Hoffnung vor der großen Welle an die Ostsee zu surfen, hatten wir am Vortag bereits alles eingeräumt und hinter den zahlreichen Klappen des Wohnwagens verstaut. Manches findet man erst nach Jahren, einiges nie mehr wieder. Als letzte Amtshandlung hatte ich den Wohnwagen abends bereits angekuppelt, um das Gespann startklar zu haben. Danach wollte ich schlafen gehen, um am nächsten Morgen gut ausgeruht zu starten. Leider fiel der Beleuchtungstest des Wohnwagens erst mal negativ aus. Die überschaubare Ausbeute war ein funktionierender Blinker rechts und ein Bremslicht links. Rücklicht gab's erst mal gar nicht. Verdammt! Wie konnte das sein? Als wir den Wohnwagen im Herbst abgestellt hatten, funktionierte alles einwandfrei. Ich sagte bereits mehrfach, dass ein alter Wohnwagen immer für Beschäftigung sorgt. Flexibilität ist eine tolle Sache. In dieser Situation hätte ich mir allerdings etwas mehr Entspannung und weniger

Improvisationsbedarf gewünscht. Nach insgesamt drei Stunden harter Arbeit mit ungezählten Gängen in den Keller um Werkzeug und Taschenlampe zu holen, einer Fahrt zur Tankstelle zum Erwerb von Ersatzbirnen, mindestens drei Wutausbrüchen und einer Geduldsprobe für meine Partnerin, die nach stundenlangem Treten der Fußbremse für den Bremslichttest im Auto eingeschlafen war, war es endlich geschafft. Weit nach Mitternacht fielen wir in einen komatösen Tiefschlaf, der vom Wecker nach gefühlten zehn Minuten am sehr frühen Morgen abrupt beendet wurde.

Der Start war entsprechend müde und nur mit großen Mengen an starkem Kaffee möglich. Nach ca. fünf Sekunden auf dem Beschleunigungsstreifen der Autobahn hatten wir bereits die Reisegeschwindigkeit von achtzig Kilometern pro Stunde erreicht. Wir zuckelten langsam aber stetig nach Norden. Die Cabin Crew hatte unmittelbar den Bordservice aufgenommen, mir eine Kaffeeinfusion gelegt und die Rosinenbrötchen ausgepackt. Diese gummiartigen Backwaren aus einem Plastikbeutel schmecken ausschließlich auf Urlaubsfahrten und können problemlos auch von Menschen ohne Zähne, praktisch auf den Felgen, gekaut werden. Jegliche Darmaktivität wird nach dem Verzehr für Tage unterbrochen. Weitere Einsatzmöglichkeiten bestehen sicher im Haushalt zum Beispiel als natürlicher Ersatz für Silikon in dauerelastischen Fugen.

Als wir nach gut fünf Stunden an Hamburg vorbei waren, sah ich im Augenwinkel ein Schild an der Autobahn mit der Aufschrift „Auf Wiedersehen im Wahren Norden". Schön, dass es solche, politisch nicht ganz korrekten, offiziellen Schilder gibt. Mir schwante nichts Gutes. Wir fuhren in die ehemalige Ostzone. Ich erinnerte mich an eine Klassenfahrt nach Berlin während der Oberstufenstufenzeit des Gymnasiums in den achtziger Jahren. Zum Entsetzen meiner Mutter war ich genauso uniformiert wie meine Kumpel mit Jeans und Motorradjacke in den Zug eingestiegen. Wenn ich mich richtig erinnere war ich erst 15 Jahre alt und musste noch etwas auf mein Mokick warten, was mich natürlich nicht daran hinderte schon mal die Plastik-Rockerjacke zu tragen. Es war ein klares Statement, dass wir die Fahrt selbstverständlich nicht als Bildungsreise ansahen. So war es dann auch. Wir bedienten damit als Möchtegernrocker selbstverständlich alle Vorbehalte, die die Offiziellen der DDR gegenüber Menschen aus dem Westen hatten. Natürlich waren wir, als Eingeborene einer sauerländer Kleinstadt, geflasht von der Großstadt Westberlin. In besonderer Erinnerung ist mir ein Ausflug in den Ostteil der Stadt geblieben. Das obligatorische Kulturprogramm beinhaltete auch den Besuch des Pergamonmuseums. Damals wie heute beherbergt das Museum alle möglichen auf der ganzen Welt geklauten antiken Steine. Hier ereignete sich folgendes: Die gute Laune meines Klassenkameraden Össi, der sich, vermutlich in der Vorfreude eines für abends geplanten illegalen Kneipenganges, fröhlich pfeifend auf die Stufen des Pergamonaltars gesetzt hatte, missfiel der anwesenden Aufsicht derart, dass er kurzerhand verhaftet und verhört wurde. Ja, die ostdeutschen Kollegen waren es offensichtlich gewohnt, ausschließlich im abhörsicheren Keller zu lachen und fühlten die Sicherheit ihres Staates bereits durch harmlose kleinstädtische Teenager aus dem Westen bedroht. Was für ein Armutszeugnis. Wir waren jedenfalls froh, als Össi wieder freikam und freuten uns, abends wieder im Westen zu sein.

In 2019 wurde der 30. Jahrestag der Maueröffnung gefeiert. Viel wurde diskutiert ob der Osten übernommen und an den Westen angeglichen wurde. Die föderale Struktur unseres Landes trug auch schon vor der Wiedervereinigung der Tatsache Rechnung, dass wir nicht alle gleich sind und regionale Unterschiede eher eine Bereicherung als ein Problem sind. Grenzen und Nachteile des Föderalismus sehe ich in der in der aktuellen Coronapandemie. Aus meiner Sicht helfen in kritischen Situationen einheitliche und klare

Regeln statt eines Flickenteppichs von regionalen Vorschriften. Dennoch, ich verstehe manche Aufregungen nicht, es war und ist daher doch gar nicht das Ziel, alles gleich zu machen.

Ich fragte mich, was nach mehr als dreißig Jahren noch vom Arbeiter- und Bauernstaat zu sehen und vor allem zu spüren war. Nachdem wir die Autobahn verlassen hatten, stellte ich auf den letzten Landstraßenkilometern fest, dass die Landschaften hier tatsächlich blühten. Natur, Wälder, Äcker und Weiden soweit das Auge sehen konnte. Auch wenn Birne das damals anders gemeint hatte, ich fand's gut.

Anmeldung und Empfang am Campingplatz waren freundlich und gut organisiert. Die Platzanlage befindet sich direkt am Ostseestrand und ist, vermutlich damit sich die älteren einheimischen Besucher darüber freuen, wie man mit einer Chipkarte ein Tor öffnen kann, komplett eingezäunt. Von einem Golfwagen wurden wir zu unserem Stellplatz auf dem weitläufigen Gelände eskortiert. Nach einer weiteren halben Stunde war alles aufgebaut und das Aufbaubier gezischt. Die Luft hatte eine angenehme Temperatur von dreißig Grad und ließ einen Hauch von Italien in Meck-Pomm aufkommen. Die grausame Wahrheit ließ aber nicht lange auf sich warten. Das Internet behauptet, dass der Name Kühlungsborn für die erst 1938 gegründete Stadt ein Kunstwort

ist, welches sich aus den Begriffen Kühlung
(Name des Höhenzuges südlich der Ortschaft) und
Born (Quelle, Brunnen) ableitet. Ich glaube das
stimmt nicht. Es handelt sich bei dieser netten
Geschichte sicher um einen perfiden
Täuschungsversuch der örtlichen
Tourismusgesellschaft. Die wahre Bedeutung ist
ganz einfach und naheliegend: die Temperatur.
Bei unserer Ankunft hatte uns der Wettergott,
jeder weiß, dass er nicht verlässlich ist, noch
getäuscht. Wir hatten uns zunächst in unserer
grenzenlosen Naivität noch gefreut, dass wir einen
Stellplatz für den Wohnwagen unter Schatten
spendenden Bäumen ergattert hatten. Bereits
einen Tag später fiel das Thermometer auf die hier
offenbar üblichen Hochsommertemperuren von
15 bis 18 Grad, gefühlt im Nieselregen bei 10
Grad. Als wenn das nicht schon genug gewesen
wäre, frischte der Wind so stark auf, dass eine
Sturmbö unser Sonnensegel – das Anbringen
eines solchen Schutzes kommt mir im Nachhinein
geradezu grotesk vor - samt Gestänge komplett
zerlegt hatte. Die hartgesottenen Camper in ihren
Zelten nebenan taten mir leid. Sie reagierten mit
Panikkäufen im örtlichen Baumarkt und
installierten zusätzliche Vorzeltpavillons und
Schutzplanen unter denen sie die nächsten Tage
eingemummelt in ihren Schlafsäcken
verbrachten. Zelten in der Nähe des Polarkreises

sollten Experten vom Schlage eines Roald Amundsen vorbehalten bleiben.

Nun ja, wir waren ja auch gekommen, um nachzusehen was sie mit unseren Solidaritätsspenden so alles gemacht hatten. Kühlungsborn ist ein nettes Urlaubsörtchen und steht seinen Pendants an der wahren deutschen Ostsee, z.B. in Scharbeutz oder Grömitz, nicht nach. Viele alte Häuser und Villen waren liebevoll restauriert und versprühten jede Menge Charme. Auffallend am Strand sind die vielen FKK-Bereiche. Im Prinzip ist es hier umgekehrt und man kennzeichnet die Textilbereiche am Strand, alles andere ist nackt. FKK-Baden ist eine Tradition aus der DDR und irgendwie ist es auch gut, wenn solche Bräuche weiter gelebt werden auch wenn sich der Staat ansonsten – aus meiner Sicht Gott sei Dank - aufgelöst hat. Leider ist es nicht immer schön was man am FKK-Strand sieht. Die Natur und hier insbesondere der Einfluss der Schwerkraft sind oft gnadenlos.

Heiligendamm ist ein Ortsteil von Bad Doberan und mit dem Fahrrad oder mit der alten Bäderbahn Molli von Kühlungsborn bequem zu erreichen. Mir waren die Fernsehbilder des G8-Gipfels aus dem Jahre 2007 noch in guter Erinnerung. Sie erinnern sich vielleicht auch noch an das Strandkorbfoto mit allen teilnehmenden Regierungschefs. Angie in grünem

Kostüm in der Mitte und George W. Bush neben ihr. Damals dachte ich noch, dass es in Bezug auf den amerikanischen Präsidenten nicht viel schlimmer kommen könne, aber da kannte ich den Höhensonnenkönig Donald noch nicht. Gut, dass dann auch diese Episode vorbei ist.

Das Grand Hotel Heiligendamm ist heute noch ähnlich stark gesichert und abgeriegelt wie zu den Zeiten des Gipfels. Es ist ja nachvollziehbar, dass man keine alten Klappräder von Touristen in T-Shirts wie uns neben den Porsches und Bentleys sehen will. Hier bleibt man gerne unter seinesgleichen und sitzt im gestärkten Hemd gepflegt im Speisesaal.

Ich habe nach unserem Urlaub das Hotel spaßeshalber mal gegoogelt und fand als erstes die folgende Bewertung eines Paares:
„Bestgelegenes Hotel an der Ostsee mit sensationellem Frühstücksbüffet auf der Seeterrasse. Nur am Strand sollte der Kiesel regelmäßiger abgeräumt werden."
Ja Himmelsackra! Was für eine Schlamperei! Ist der Strand tatsächlich nur einmal täglich geharkt worden. Unvorstellbar, wenn sich einer der Gäste hier an einem Kieselsteinchen gestoßen hätte. Da zahlt man schon irre Summen für den Urlaub und kommt trotzdem noch in Kontakt mit der Natur. Frechheit! Das hat in der Bewertung

vollkommen mit Recht empfindliche Abzüge gegeben.

Weitere Missstände werden auf den Buchungsportalen im Internet von den Gästen absolut schonungslos offengelegt: „Die Location ist sehr schön, der Service eine Katastrophe, zum Frühstück lange Wartezeiten bei den Bestellungen, ca. 30 min. auf ein englisches Frühstück gewartet, kam dann noch unvollständig, nachbestellter Toast kam gar nicht mehr. Das Frühstück insgesamt entspricht in keiner Weise dem Preis-Leistungsverhältnis, ich kann als Vergleich nur das Kempinski in Berchtesgaden empfehlen, dieses Frühstück ist einem Hotel dieser Klasse auch angemessen! Reservierungen der Restaurants für das Wochenende waren nicht möglich mit den Argumenten, dass die Küche entlastet werden muss! Urteilen Sie nun selbst!"
Dazu fällt mir leider nur folgendes ein: Warum um alles in der Welt bestellt man ein englisches Frühstück? Berchtesgaden hat übrigens so gar nichts mit der Ostsee zu tun. Spielt aber anscheinend auch nur eine untergeordnete Rolle solange das englische Frühstück besser ist. Mannomann! Das sind aber echte Schicksale. Die Hotelangestellten, die Tag für Tag freundlich zu diesen Gästen sein müssen, sind schon zu bedauern. Gemäß den zahlreichen Beiträgen im Internet schaffen sie es wohl nicht immer.

Je mehr ich in den Bewertungen im Netz las, desto unglaublicher kamen mir die Zustände, die offenbar hinter den unschuldig weißen Mauern herrschten, vor. Man ahnt sowas ja nicht. Von einem besonders traumatischen Erlebnis berichtet Neja im September 2020:

„Wir hatten eine Suite gebucht zu meinem Geburtstag, dies wurde auch angekündigt, doch es kam nicht eine kleine Geste."

Trotz Ankündigung „Bitte gratulieren Sie mir, wenn ich einchecke!" hatte das Hotelpersonal dieses wichtige Datum wohl komplett übersehen. Nichts als Pannen! Ist es denn wirklich zu viel verlangt, wenn die Kinder der örtlichen Kita aus Bad Doberan Fähnchen schwingend Spalier stehen? Ich gehe davon aus, dass Neja direkt nach ihrem Urlaub in einer Einrichtung für Trauma-Patienten stationär behandelt werden musste, um sich von dieser seelischen Grausamkeit der Nichtbeachtung zu erholen.

Die Negativmeldungen rissen bei meiner Recherche im Internet nicht ab. Ein weiblicher Gast hatte folgende Bewertung eingestellt: „Die Hotelanlage ist beeindruckend: direkte Lage am Wasser und die Eleganz der gesamten Anlage ist beeindruckend. Aber: Bei einem Hotel in dieser Kategorie erwarte ich einiges mehr. Der Parkplatz vor dem Haus (offene und unbewachte Parkfläche) kostet pro Tag € 25 und dafür durfte ich dann meine Pumps auf dem Weg zur Rezeption einsauen. Zudem möchte ich mein Fahrzeug gerade im Winter überdacht untergebracht wissen."

Jo, das erscheint mir schon berechtigt, vor allem wegen der Pumps. Warum gibt's eigentlich keinen Hol- und Bring-Service mit Sänfte? Ich hätte mich allerdings mehr über die 25 Euro pro Tag für das Parken geärgert, für die man in der Nebensaison schon einen Stellplatz auf dem Campingplatz buchen kann. Aber da sieht man den Unterschied, wenn man nicht dazu gehört und zu kleinkariert denkt.

Neben dem großen weißen Kasten des Grand Hotels steht ein Ensemble aus alten Villen. Es ist ein - und das meine ich ausnahmsweise mal wirklich so - wirklich beachtliches Gesamtkunstwerk, welches im 19. Jahrhundert erschaffen wurde und dem Ort den Namen „Weiße Stadt am Meer" eingebracht hat. Die altehrwürdigen Gemäuer werden seit einiger Zeit nach und nach restauriert und in nobelste Eigentumswohnungen verwandelt. Für den Spottpreis von 1,4 Mio. Euro war tatsächlich noch eine Eigentumswohnung mit ganzen 85 Quadratmetern zu haben. Ein echter Schnapper! Im Internet heißt es auf der Seite eines Immobilienmaklers: „Eine Legende. Die weiße Stadt am Meer." und weiter: „In Erzählungen durch himmlische Fügungen gesegnet, durch seine Lage am Meer und eine besondere Kühlung klimatisch begünstigt, zudem landschaftlich atemberaubend schön gelegen – Heiligendamm ist zu allen Jahreszeiten ein Arkadien, das die europäische Elite seit 1793 alle Sorgen vergessen lässt." Das waren Worte, die man eigentlich nur auf einer Geige spielen konnte. Auf dem Bauschild stand noch „Werden Sie Teil der Legende". Nein Leute, so einfach ist es nicht. Elite hat für mich nichts mit Geld zu tun, sondern mehr mit Bildung und Bedeutung für Gesellschaft, Wissenschaft und Kultur. Teil dieser beschriebenen Geld-Elite möchte ich ganz sicher nicht sein. Die technisch bestimmt top ausgestatteten Wohnungen in den ehemals charmanten alten Villen kamen mir an diesem Tag seltsam seelenlos vor. Vielleicht lag es auch daran, dass alles einfach zu perfekt und zu makellos aussah. Bei der Restaurierung blieb bis auf Teile der Außenmauern nicht viel erhalten. Von Denkmalschutz hatte ich bisweilen eine andere Vorstellung. Schade! Ich dachte nur: „Bleibt ihr mal ruhig in eurem Eliten-Legenden-Gefängnis in himmlischer Fügung unter euch."

Abends war ich froh, wieder auf dem Campingplatz zu sein.

Zum guten Schluss

Die in diesem kleinen Buch teilweise mit
speziellem Humor und einer Prise Ironie und
Sarkasmus erzählten Geschichten basieren auf
Erlebnissen während mehrerer Camping-Urlaube
in den letzten Jahren. Wir sind noch Anfänger des
Outdoor-Urlaubs und haben schnell sehr viel
Freude daran gewonnen. Dennoch werden wir
sicher in den kommenden Jahren auch andere
Reisen machen. Ich denke jeder sollte Ferien nach
seinen individuellen Vorstellungen verbringen.
Dabei haben sicher alle Arten an Urlaub ihre
Berechtigung und es gibt kein richtig oder falsch.
Ich glaube auch, dass Camping-Urlaub eine
spezielle Form ist, die bestimmt nicht für jeden
Menschen passt. Wichtig ist auch, dass alle
Mitreisenden sich gleich wohl fühlen mit der
Entscheidung für die Art des Urlaubs.

Wenn Sie Interesse am Camping haben und Sie
mein Buch nicht abgeschreckt, sondern neugierig
gemacht hat, empfehle ich es einfach
auszuprobieren. Ich habe die ersten und guten
Erfahrungen mit geliehenen Wohnmobilen und
Wohnwagen gemacht. Probieren Sie es doch
einfach aus und bleiben Sie interessiert und
humorvoll!

Sie: „Ist das nicht wirklich ein schönes
Plätzchen?"
Er (denkt): „Hab' ich zuhause eigentlich die gelbe
Tonne rausgestellt?"...